DESIGNER'S SHOWCASE Vol.04
Koji Kakitani

CONTENTS

4 INTRODUCTION

PROJECTS

Japanese Restaurant
6 SHUN
旬

Restaurant
14 KUBOTA SHOKUDO
クボタ食堂

Restaurant
20 SUMILE TOKYO
スミレトーキョー

Food Store & Restaurant
28 ANEW Takanawa
アニュー 高輪

Italian Restaurant
38 BOCCA DI LEONE
ボッカ ディ レオーネ

Noodle Restaurant
42 JABUYA
ぢゃぶ屋

Bar Lounge
46 SASORI
サソリ

Bar
50 DECADE
ディケイド

Bar
54 EF
エフ

Restaurant
58 RENA'S KITCHEN
レナズキッチン

Japanese Restaurant
60 DARUMASAN ICCHOME
だるまさん一丁目

62 INTERVIEW 1

Lifestyle Store
64 PLAZA Harajuku
プラザ 原宿店

Lifestyle Store
70 PLAZA Kumamoto
プラザ 熊本店

Lifestyle Store
76 PLAZA Okayama Ichibangai
プラザ 岡山一番街店

Lifestyle Store
80 PLAZA Chiba Aurora Mall
プラザ 千葉オーロラモール店

Lifestyle Store
84 PLAZA Lumine Shinjuku
プラザ ルミネ新宿店

Lifestyle Store
88 PLAZA Shibuya 109
プラザ 渋谷109店

Lifestyle Store
94 PLAZA Atre Ebisu
プラザ アトレ恵比寿店

Lifestyle Store
98 PLAZA BEAUTILICIOUS Echika Ikebukuro
プラザ ビューティリシャス エチカ池袋店

Boutique
102 ALBA ROSA MYTANE Harajuku
アルバローザ マイタネ 原宿

Boutique
108 ALBA ROSA Shinjuku marui
アルバローザ 新宿マルイ

Boutique
112 ALBA ROSA Hiroshima
アルバローザ 広島

Boutique
114 ALBA ROSA Fukuoka Solaria Plaza
アルバローザ 福岡ソラリアプラザ

Boutique
118 PARK EAST
パーク イースト

Boutique
124 PARK Shinsaibashi
パーク 心斎橋

126 INTERVIEW 2

Jewelry Shop
128 HOMERO
オメロ

Boutique
134 GGD Shibuya
GGD 渋谷

Variety Store
138 SHINA
品

Beauty Salon
146 ATELIER HARUKA Roppongi Hills
アトリエ はるか 六本木ヒルズ

Accessory Shop
150 ORA RAY
オーラレイ

Boutique
154 INCUBATE
インキュベート

Boutique
158 SOUTH DRIVE Tennoji
サウスドライブ 天王寺

Boutique
160 UNRELISH Hepfive
アンレリッシュ ヘップファイブ

Complex Store
162 A.S.R. Shibaura
エー エス アール 芝浦

Cosmetic Shop & Cafe
168 STARCIA
スターシャ

Boutique
170 SHAKE SHAKE Ikebukuro
シェイクシェイク 池袋

Boutique
172 UP SCALE Minamiaoyama
アップスケール 南青山

Office
174 MINAMI OFFICE
ミナミ オフィス

Hair Salon
178 HAIR DO
ヘアドゥ

Boutique
180 MAISON DE LA KHAN
メゾン ド ラカン

Boutique
182 FILA SHOP Harajuku
フィラショップ 原宿

Products
184 HOMERO's Furniture
オメロ家具

Exhibition
186 TERAOKA SEIKO
寺岡精工 エキシビション

Exhibition
187 APPLETISER
アップルタイザー エキシビション

188 Works Data

INTRODUCTION

On the occasion of publication of "DESIGNER'S SHOWCASE 〈Koji Kakitani〉"

「DESIGNER'S SHOWCASE　柿谷耕司」に寄せて

by Takashi Sugimoto / SUPER POTATO
文　杉本貴志（スーパーポテト代表）

先日珍しく柿谷耕司君から電話があった。彼と話をするのは久し振りのような気がしたのだけれど、声を聞いていると、ああそうだと妙に納得するものがあって、JCD（※）の役員をやっていた頃、塾と称して本部で飲み会を頻繁にやっていて、彼にも忙しい合間をなかば強引に誘ってよく参加をしてもらっていたし、彼の設計した店舗の写真をあちこちの雑誌で散見していた。それに何よりおしゃれだなぁという風に感心をしていたことを思い出した。

電話で彼は本を作るという趣旨の話を打ち明けた。いいではないか、それは良かったと言ったら、ついては短文でいいから何か……と言われたが、うん、うんと言いながら、あまり彼のことを理解していない自分に気が付いて、まあ僕なんかがと言いかけたが、彼は年齢でいうと少々後輩にあたるわけで、その後輩を励ますことは僕らの世代の役割だし、ついついあまり誉めれないけれどもと言ったら、悪口でなければ何でもいいと言う言葉に軽く背を蹴られた感じでつい書くことになってしまった。

あまり多くはないが、時には原稿を頼まれることがあって、決め事があるのではないが、話を聞いているうちになんとなく引き受ける場合と、これは難しいと思い遠慮させてもらう場合があって、これは作品で区別したり判断している訳ではなく、ある種の相性、あるいは全く勝手な当方の気分みたいなものなのかと思ったりしている。

柿谷君の作風は僕とはかなり違っているけれども、分かり易いし、また、しゃべりやすいのである。もちろん彼がどう受け止めるかは別にして、それで多少の時間をもらい、渡された膨大な量の彼の仕事の記録を見ることから始まった。以前、数軒彼の設計した現場に足を踏み入れたことがあって、僕なりの印象は持っていたけれども、写真となると、多分カメラマンの視線のせいもあるだろうし、光のバランスが実空間と少し印象が異なって見える気がする。それにしても秀作である。ある種の明解な、そして確信を持ったコンセプト──。光そのものが目的であるのか無いのかは別として、空間の分節の方法が、彼の設計の基軸のように見えるのだが、いくつかに分けられたパーツとしての空間は、多分純化され、余分な情報を削ぎ落し再構成されることで、彼の考える原型としての空間にリセットされているのだろう。この方法は、現代デザインで多くの先人達がアプローチした王道の一つなのだし、現在でも住宅やプロダクト、家具、食器等、あるゆる領域でアプローチされている有効な方法なのである。彼のショップデザインもこの方法によっているように見える。これは、30年間以上に渡ってJCDで賞を与えられてきた各作品に共通する骨格であるのではないだろうか。しかし、さまざまな過去の例を検討すると、一方でそうでありながら、もう一方ではそのことと拮抗する何か固くこだわっている異質なことの存在が浮かんでくることに気付く。一見白い面に見えながら、何か懸命に作られた結果白い面になってしまったとでも言えるのか、さまざまな矛盾の結果としての白い面なのだろう。

僕の考えでは、この拮抗する異質さとそのことの存在の在り方が魅力の素だと思うのだけれども、一方20世紀の後半から大きなパワーを持った流れが存在していて、今に続いているその一つは、モダニズムを背景とし次々に生み出され量産される商品群は、ある意味でデザインをなかば強引に自身で形づくるように見えるし、店舗のデザインも少し引っ張られていてちょっと無理矢理に出来ている場合が多い。だから似た空間が多いのでもある。しかし、コルビュジエの住宅をたどると、コルビュジエ以前の住宅に比べ、純化された空間が再構成されていることがよく分かるし、それが強い魅力になって我々を惹きつけるが、それ以上にそうしたことで削ぎ落した部分への熱い視線が更に強く我々に魅力的なのである。

具合良く設計されたスーパーマーケットは合理性が高く、清潔で、信頼性が高く、今の我々の生活から外すことは出来ないが、私は日曜日に時間が許せば、東京各地に残る古い商店街を訪ね、色々な野菜、おでんの種、色々な煮物や自家製の佃煮等を買うことに幸を感じる。

この柿谷君の新しい本で彼が語るべきは、単に形態としての店舗ではないのだろう。そのことがインテリアデザインのとても主要な骨格なのである。突き詰めて言うとすれば、デザインは我々の変化する生活の豊かさに何らかの解答を示すべきなのである。その方法はさまざまであるべきで、その幅が出来る限り広く豊かであることが望まれる。このことは、柿谷君の作品の質の問題ではなく、我々の社会文化とデザイナーの役割の問題なのである。

今日的なそして暮らしやすい住宅を論じる時、構造や断熱、エネルギー、そして工法やコストももちろん大事なことだけれども、我々の生活や情感を育んできた日本に残る在来工法の家、民家や町屋に思いを寄せるべきであろうし、中国やアジアに今も息づいている人々の生活とコミュニケーションを気持ち良く育んでいる住宅群に学ぶものも多い。これらとの葛藤が何より今必要なのである。

文を本題に戻そう。インテリアデザイナー、日本では多くの場合ショップデザイナーであるが、過去の作例をカタログ化してもほとんど意味はない。柿谷君はこの時代的な葛藤の入り口でファイティングポーズを凛々しく構えた有望な選手なのである。傷付くことを恐れず前進して欲しい。それが色々な意味で良くても悪くても先人、倉俣史朗から僕等が受け継いでいることなのである。デザインは花を生けるのとは違って、美しい形を作ることが目的ではなく、戦うことなのである。

※日本商環境設計家協会（Japanese Society of Commercial Space Designers）

すぎもと・たかし
1945年東京都生まれ。1968年東京藝術大学美術学部卒業後、1973年スーパーポテト設立。国内外の商業空間デザインを数多く手がけ、これまでに毎日デザイン賞（1984,85）、インテリア設計協会賞（1985）、INTERIOR DESIGN「Hall of Fame」（2008,アメリカ）を受賞。代表作は「グランドハイアット東京」「パークハイアットソウル」「ハイアットリージェンシー京都」「無印良品」他、自身がオーナーを務めるレストラン「春秋」など。現在、武蔵野美術大学造形学部空間演出デザイン学科教授を務める。

The other day I got a rare phone call from Koji Kakitani. I felt like it had been a while since I last talked to him, but when I heard his voice, I strangely remembered something and said to myself, "Oh, that's right!" When I was an officer of the Japanese Society of Commercial Space Designers (JCD), we had a lot of drinking parties at the headquarters, which we called "the cram school," and when Kakitani wasn't busy, we half-forcibly got him to participate, and we would see photos of shops he designed here and there in magazines lying around. What I remembered was thinking they were, above all, fashionable.

On the phone, he frankly told me that he was putting out a book. When I said, "Good for you. That's great," he asked me if I could write a few words, and I realized I don't know much about him. I started to say I wasn't the right person, but I realized he is, in terms of age, my junior in the business and it is my generation's role to encourage our juniors. Without thinking I said, "I can't really offer a lot of praise," and he said that as long as I don't write bad things about him, anything is fine. Before I knew it, I had agreed to write something about him.

It's not often, but occasionally I am asked to write a manuscript, and I don't have any set answer. Sometimes when I am listening to the request, I for some reason agree, and sometimes I think it will be difficult and decline. It's not something I decide based on a distinction among designers' works; it's a kind of affinity, or in other words, it's based on my own arbitrary feelings.

Kakitani's style is quite different from mine, but it's easy to understand and easy to talk about. I asked for a little time and begin going through an enormous record of his work that I had been given. I had on a few occasions set foot in sites he'd designed and had my own impressions of them, but when I looked at the photos, perhaps partially because of the photographer's line of sight, I felt the light balance left a slightly different impression from the actual spaces. Even so, it was excellent work. There were clear concepts he firmly believed in. Regardless of whether light was his actual objective, I thought his way of segmenting space was a key to his designs; he was probably dividing a space into several parts, purifying it, getting rid of superfluous information, and then recomposing the space, resetting it into what he considered a prototypical space. This approach is one of the short-cuts used by many modern design predecessors, and is an effective method used today in design fields as diverse as housing, products, furniture and tableware. It looks as if his shop designs also rely on this method. I suppose this is a framework shared by all the works the JCD has given awards over the course of more than 30 years. But I realized when you examine various past examples, on the one hand they use this method, but on the other hand the existence of firm and different competing ideas keeps arising. While at first glance something looks like a white surface, it may have become a white surface as the result of an earnest effort at creation, but at any rate it is a white surface that is the result of many contradictions.

I think these different, competing ideas and the current state of affairs are both sources of appealing designs, but on the other hand, big, powerful trends have existed in the second half of the 20th century, and one that continues today is the appearance one after another of groups of mass-produced products - with modernism in the background - and in a way they seem to half-forcibly shape designs, and even influence shop designs a little, causing them to turn out in a way that is against the designer's will in many cases. That's also why there are many similar interiors. If we compare housing designed by Le Corbusier with that designed before him, we can see that his designs purified a space and then recomposed it, and this strongly attracts us. But what attracts us even more are the things that were eliminated in that purification.

A well-designed supermarket is highly rational, clean and trustworthy, and we can't eliminate it from our lives, but on Sundays, when I have time, I feel fortunate to visit the remaining old shopping districts in various parts of Tokyo and buy vegetables, oden ingredients, stewed foods and home-made tsukudani.

For Kakitani's new book, I suppose he should not just talk about the forms of his shop interiors. They are an important framework for interior design. But when you get right down to it, design must indicate some sort of solution for the richness of our changing lives. The methods are many and various, and it's better for them to have breadth and richness. This is not a question of the quality of Kakitani's work, but of the roles of our society and culture and of designers.

When you discuss modern, easy-to-live-in housing, structure, insulation, energy, construction methods and costs are of course important, but I suppose we should give our hearts to the houses, traditional rural houses and traditional merchant houses that have supported our lives and passions, and there are many things we could learn from housing in China and the rest of Asia that supports the lives and communication of people living in them. The discord between these and modern housing is extremely necessary.

Let me get back to the main topic. In Japan, interior designers in many cases are shop designers, but cataloging past examples is almost meaningless. Kakitani is a promising fighter standing at the entrance to this discord over eras and striking a brave fighting pose. I want him to keep going forward without fear of being hurt. This reality is something that in many ways - both good and bad - we have inherited from our predecessor Shiro Kuramata. Design is not flower arrangement. We are not trying to make something with a beautiful form. We are fighting.

Takashi Sugimoto
Born in Tokyo in 1945, he studied metal sculpture, and graduated from the Crafts Course of the Faculty of Fine Arts of Tokyo University of Fine Arts and Music in 1968. He founded Super Potato in 1973 and became a professor at the Musashino University of Fine Arts in 1992. He received the Mainichi Design Award in 1985 and 1986, as well as the Interior Design Association Award in 1985.

Japanese Restaurant
SHUN
旬

P.6・7　光のフレームが設けられた小上がり席を見る
P.6・7　Japanese-style room.

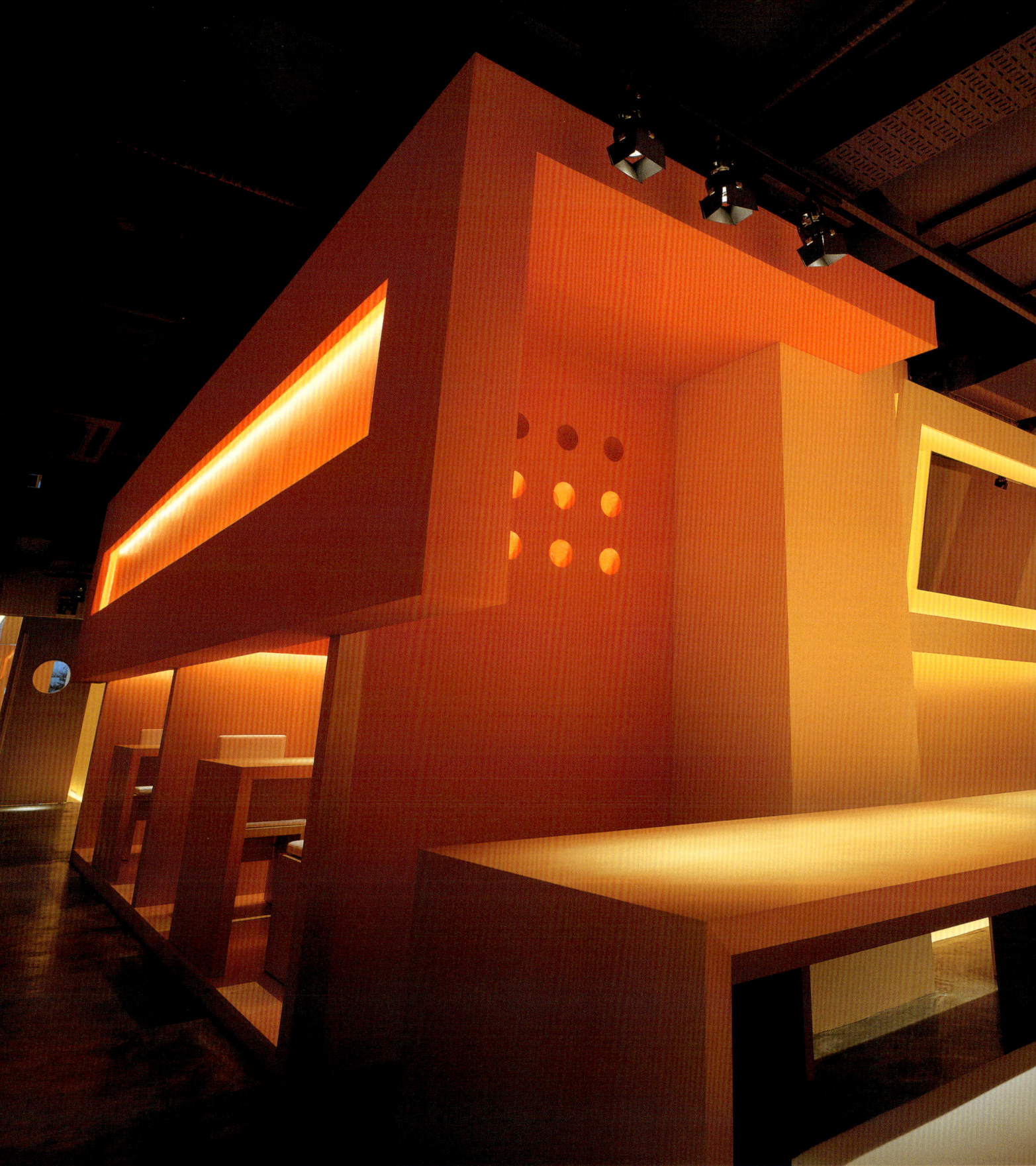

P.8	光のラインが導くエントランスアプローチ
P.9	エントランス
P.10・11	テーブル席
P.11右上	ブース席。にじり口のようにややかがんで入る
P.11右下	同ブース席を通路越しに見る
P.8	The approach.
P.9	The table seating.
P.10・11	The table seating.
P.11 upper & lower	The booth.

P.12 上	テーブル席を見通す
P.12 下	小上がり席の通路を見通す
P.13	格子パーティションと格子状の光の造作が施されたカウンターバック
P.12 upper	The table seating.
P.12 lower	A passage of the Japanese style room.
P.13	The counter seating.

This restaurant was designed based on the concept of "modern Japanese dining," and divided into four zones using simple elements to suit various dining scenes. Several elements combine to make up an appearance that reduces to their essence the elements of a Japanese house: the floor based on the image of a compacted earth floor, the dark brown finish of the ceiling, the indirect lighting that conveys the evening sun appearing through gaps and wall moldings that leverage the feel of the materials and describe sharp lines.

"モダン・ニッポン・ダイニング"というコンセプトのもと、店内を四つのゾーンに区切り、さまざまな飲食シーンに対応できるようにし、シンプルな要素でデザインした。
土間をイメージした床、天井のこげ茶色の仕上げ、隙間からの夕陽を感じさせる間接照明、素材感を生かしたシャープなラインによる壁面造形は、
日本家屋の要素を極力そぎ落とした表現としてつくり上げている。

Restaurant
KUBOTA SHOKUDO
クボタ食堂

P.14・15　大テーブル席を見通す
P.14・15　The large table seating.

P.16・17	テーブル席越しに光の造作壁を見る。棒状のパーティションは、すすきをイメージしたオブジェ
P.17 右上	ファサード
P.17 右下	カウンターバック
P.16・17	A view of the light fixtures on the wall from the seating.
P.17 upper right	The facade.
P.17 lower right	The counter seating.

This design aims, based on the key word "mountain climbing" a hobby of the owner's, to create scenes incorporating in one space the natural light of "the setting sun filtering through trees on a mountain," "a snow-covered mountain on a moonlit night" and "the morning sun on a mountain." First there are orange lines of light, then blue lights stretching into the back of the shop, and then a circle of light. What's more, an objet d'art resembling green grass was placed in the shop to convey a feeling of nature. Abstract shapes express the forms of light as evening becomes night, and then the sun rises in the morning.

オーナーの趣味である"登山"をキーワードに、「山の夕陽による木漏れ陽」「月夜の雪山」「山の朝日」という自然の光を一つの空間に取り込んだシーンづくりを目指した。
まず、オレンジの光のラインから店内奥へと続くブルーの光、そして、サークル状の光へ。更に自然を感じさせる素材として、緑色の草のようなオブジェを配した。
夕方から夜へ、そして朝日へと移ろう自然の光の形態を、抽象的な形状で表現している。

P.18　　店最奥のソファラウンジ
P.19　　同。正面は日の出をイメージしたミラー
P.18・19　The lounge.

Restaurant
SUMILE TOKYO
スミレ トーキョー

P.20・21	スミレ模様のカッティングシートを貼ったガラスパーティション越しにオープンキッチンを見る
P.22	テーブル席を見通す
P.23 上	店内からテラス席へ貫通するように設置されたテーブル
P.23 下	テラスのハイテーブル席
P.20・21	The open kitchen.
P.22	The table seating.
P.23 upper	A view of the terrace from the interior.
P.23 lower	The high table seating of the terrace.

23

P.24・25　渋谷を一望できるテラス席
P.26　　　テラス席テーブル中央には、内照式アクリルバーを設置
P.27　　　スミレのグラフィック・ディテール
P.24・25　The terrace.
P.26　　　The terrace.
P.27　　　Detail of The violet graphic.

This dining establishment is the first produced by Miwa Yoshida
and Masato Nakamura of the pop group Dreams Come True.
The owners asked Kakitani to use imagery of violets and the ground,
as well as an open kitchen, to produce a sense of bustle. With this request in mind,
he created a violets graphic and sublimated the associated imagery into the space.
To express the visual scenes of an evening after a rain, the drops of water
that glisten in the setting sun and a violet that quietly blossoms there,
he incorporated the gentle hues and shapes of violets into graphics and light.
He designed the light of the floor, walls and tables inside and outside on the terrace
to appear to connect, giving a sense of unity to the interior and exterior
and producing a scene with an open feel like a veranda's.

この店は、ドリームズ カム トゥルーの吉田美和氏と中村正人氏がプロデュースするダイニングレストランの日本1号店である。
オーナーからは、スミレの花や大地のイメージと、オープンキッチンによるにぎわい感を出すことが要望された。
それを受け、スミレのグラフィックと、そこから連想されるイメージを空間へと昇華させた。
雨上がりの夕暮れ、その夕陽に輝く雫、そこにひっそりと咲くスミレの花、という情景を表現するため、
スミレの優しい色合いや形態を、グラフィックや照明によって取り込んだ。
また、店内と外部テラスの床、壁、テーブル、光がつながって見えるようデザインし、
内と外の一体感を持たせることで、縁側のような開放感のある情景を演出している。

Food Store & Restaurant
ANEW Takanawa
アニュー 高輪

P.28・29　2階ダイニングのステージテーブル席
P.28・29　The table seating on the stage of the dining floor.

P.30・31　　　　　1階物販スペース
P.31右上　　　　同レジカウンター
P.31右下　　　　外観
P.30・31　　　　The shop floor.
P.31 upper right　The checkout counter on the shop floor.
P.31 lower right　The facade.

P.32 上	2階ダイニングのロの字型大テーブル席
P.32 下	ステージテーブル席
P.33	2階カウンター席
P.32 upper	The table seating of the dining floor.
P.32 lower	The table seating on the stage.
P.33	The counter seating of the dining floor.

This natural foods chain store also serves as the chain's brand identity. The first floor is a grocery sales area and the second floor a restaurant. Both floors were designed with the idea of conveying Japanese aesthetics and traditions. The first floor interweaves the modern and the traditional with its dark brown that looks like it's been stained with charcoal soot and its finishing touches based on the image of sunlight piercing through gaps in a Japanese house. The second floor space is likened to a fireside, using Towada stone and Japanese cedar plywood, and an original lighted frame that looks as though the scenery from a veranda were cut out. This interior expresses the warmth of natural Japanese materials and a modern interpretation of idealized Japanese scenes.

自然食品を取り扱うチェーンストアのブランディングを兼ねた店舗。1階を物販、2階をレストランとして計画した。
2層とも和や伝統を感じさせる空間を心掛け、デザインしている。
1階は、炭のすすで染まったような焦げ茶色、家屋のすき間から差し込む陽の光をイメージした仕上げで、モダンと伝統を織り交ぜている。
2階は、十和田石や杉の合板を用いて囲炉裏端に見立てた空間と、縁側の風景を切り取ったような光のフレームを造作。
日本の自然素材の温かみと、原風景を現代的解釈で表現した。

P.34・35	ステージテーブル席全景
P.35 右上	テーブル席
P.35 右下	ファサード
P.34・35	The table seating on the stage.
P.35 upper right	The table seating.
P.35 lower right	The facade.

P.36	2階ダイニングを見通す
P.37 上	開口部に面したカウンター席
P.37 下	ダイニング全景
P.36	The dining floor.
P.37 upper	The counter seating.
P.37 lower	The dining floor.

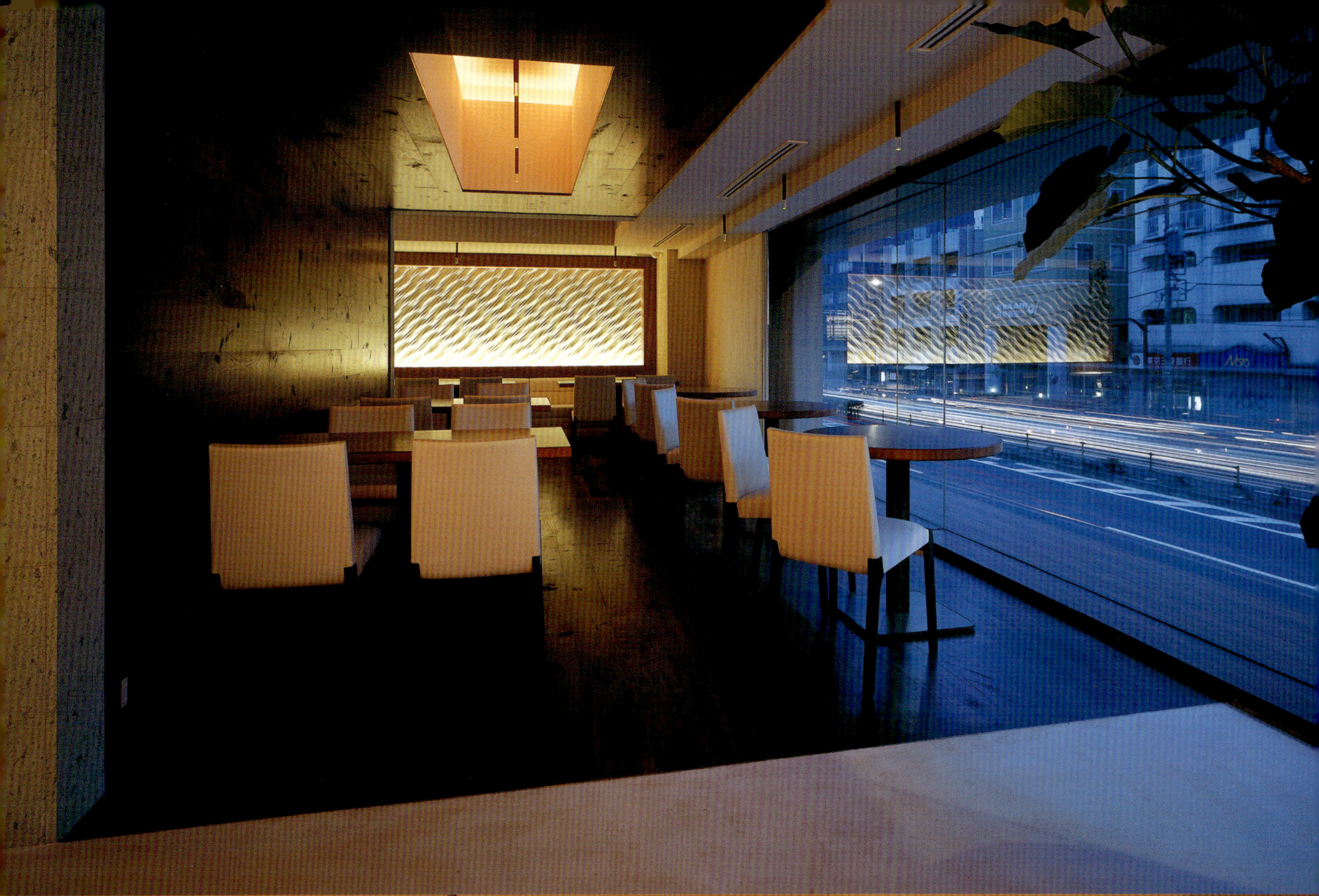

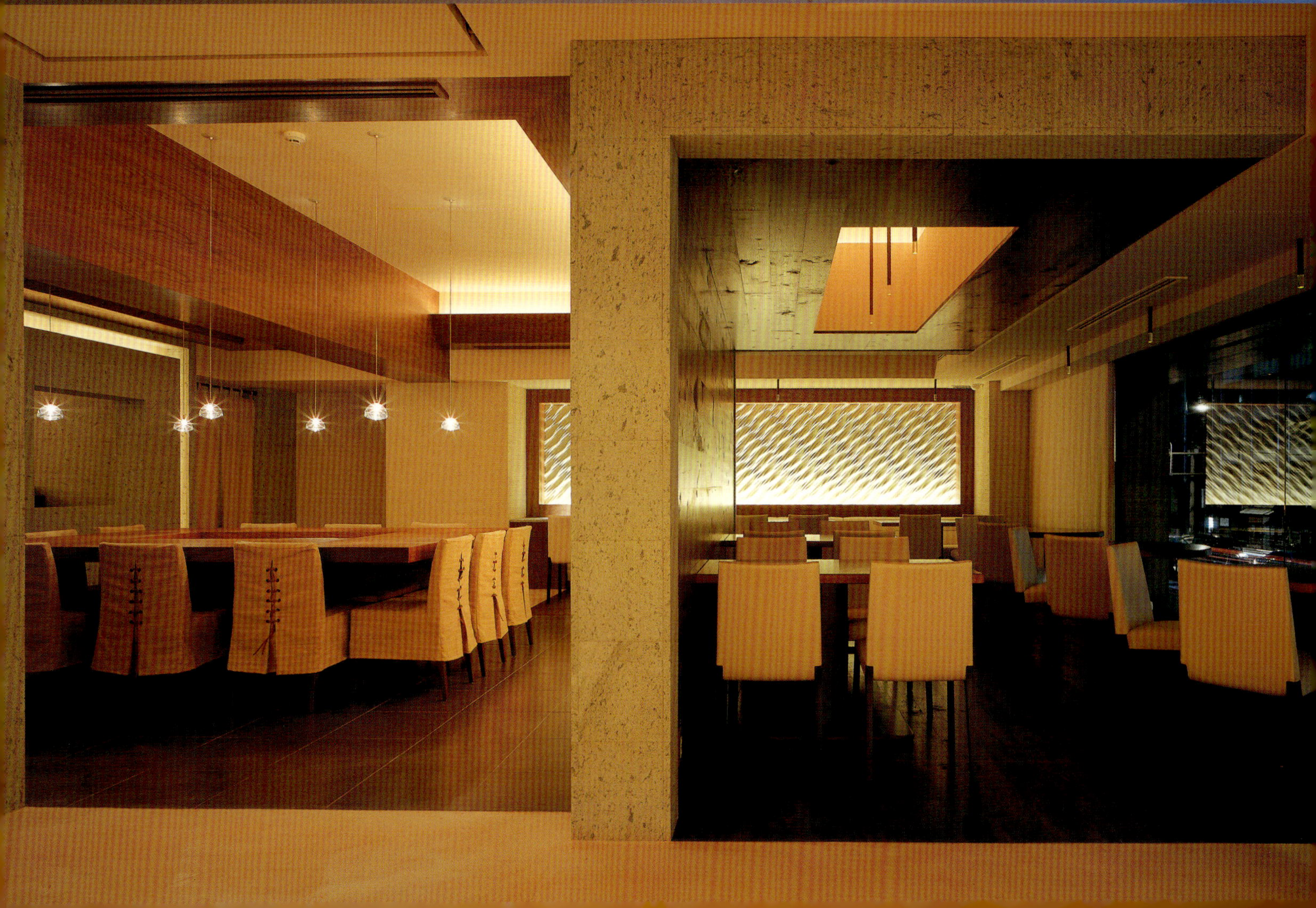

Italian Restaurant
BOCCA DI LEONE
ボッカ ディ レオーネ

P.38	アルミ製ブースに囲まれたテーブル席
P.39	ブースのディテール
P.40・41	店内全景
P.41右上	ブース席全景
P.41右下	フューチュリスティックなファサード
P.38	The table seating in the booth.
P.39	Detail of the booth.
P.40・41	The dining room.
P.41 upper right	The table seating in the booth.
P.41 lower right	The facade.

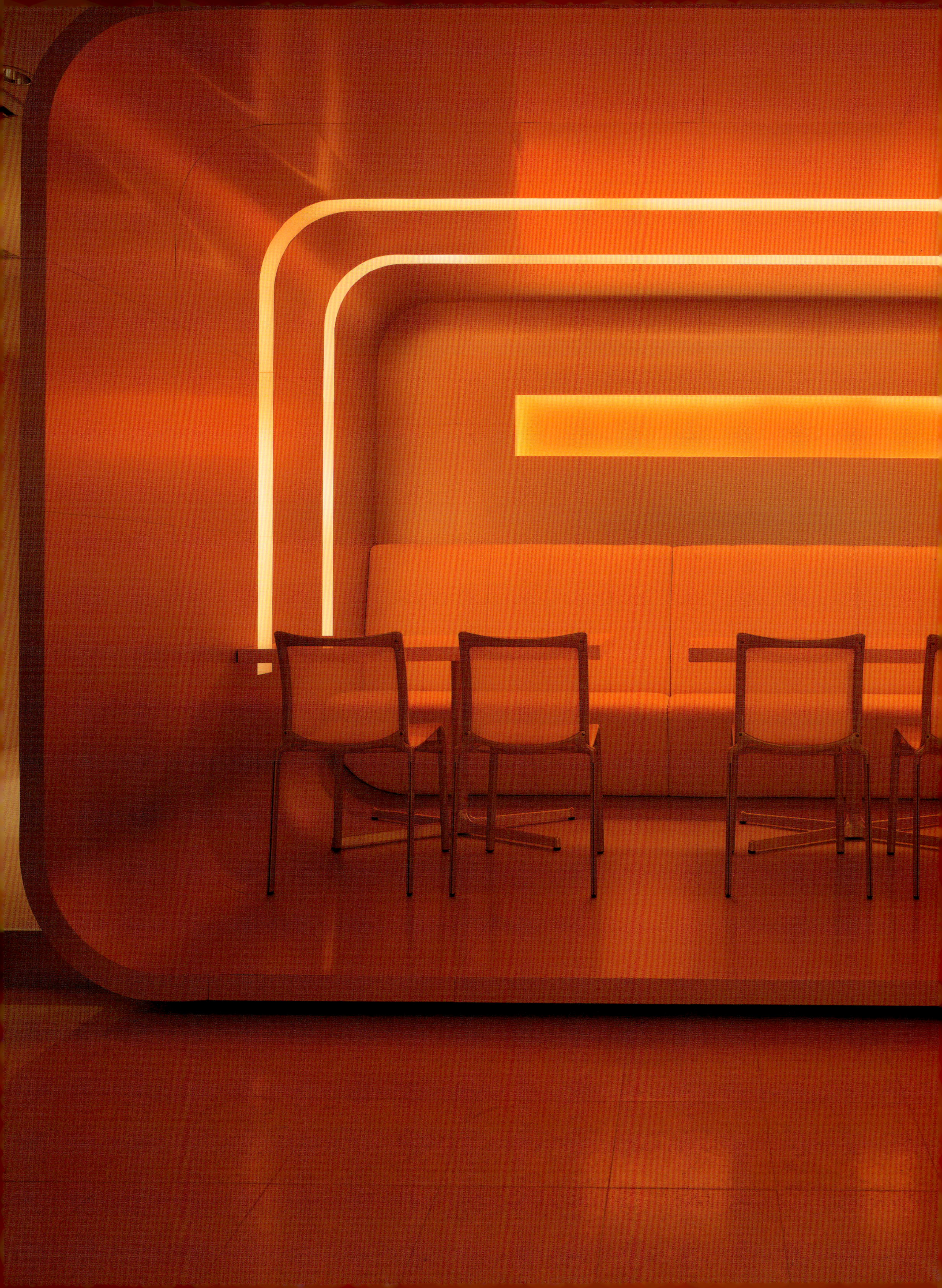

This restaurant is based on a theme of "a surreal space that discards Italian sensibilities," and is composed of three zones: counte
The counter-seating area is made up of booths created by rounding aluminum a hard material to make the floor, walls and ceiling
creates an impression of softness. The table-seating area uses large windows and a high ceiling to create a feeling of openness
is enveloped in soft light from the aluminum booths. It is an interior in which indirect lighting and colored lighting blur the feel of th

「イタリアンという感覚を破棄したシュールな空間」をテーマとして、カウンター、テーブル、ソファの三つゾーンを構成。
カウンター席は、硬質な素材であるアルミを床・壁・天井にラウンドさせたブースをつくり、オレンジ色の光を組み合わせることで、柔らかい印象を生み出す。
テーブル席は大きな窓と高い天井によって開放感を与え、ソファ席ではアルミのブースからの柔らかな光に包み込まれるように構成。
間接光や光の色によって、素材感や距離感が曖昧になる空間をつくり上げた。

able and sofa.
dding orange light
nd the sofa seating area
materials and sense of distance.

Noodle Restaurant
JABUYA
ぢゃぶ屋

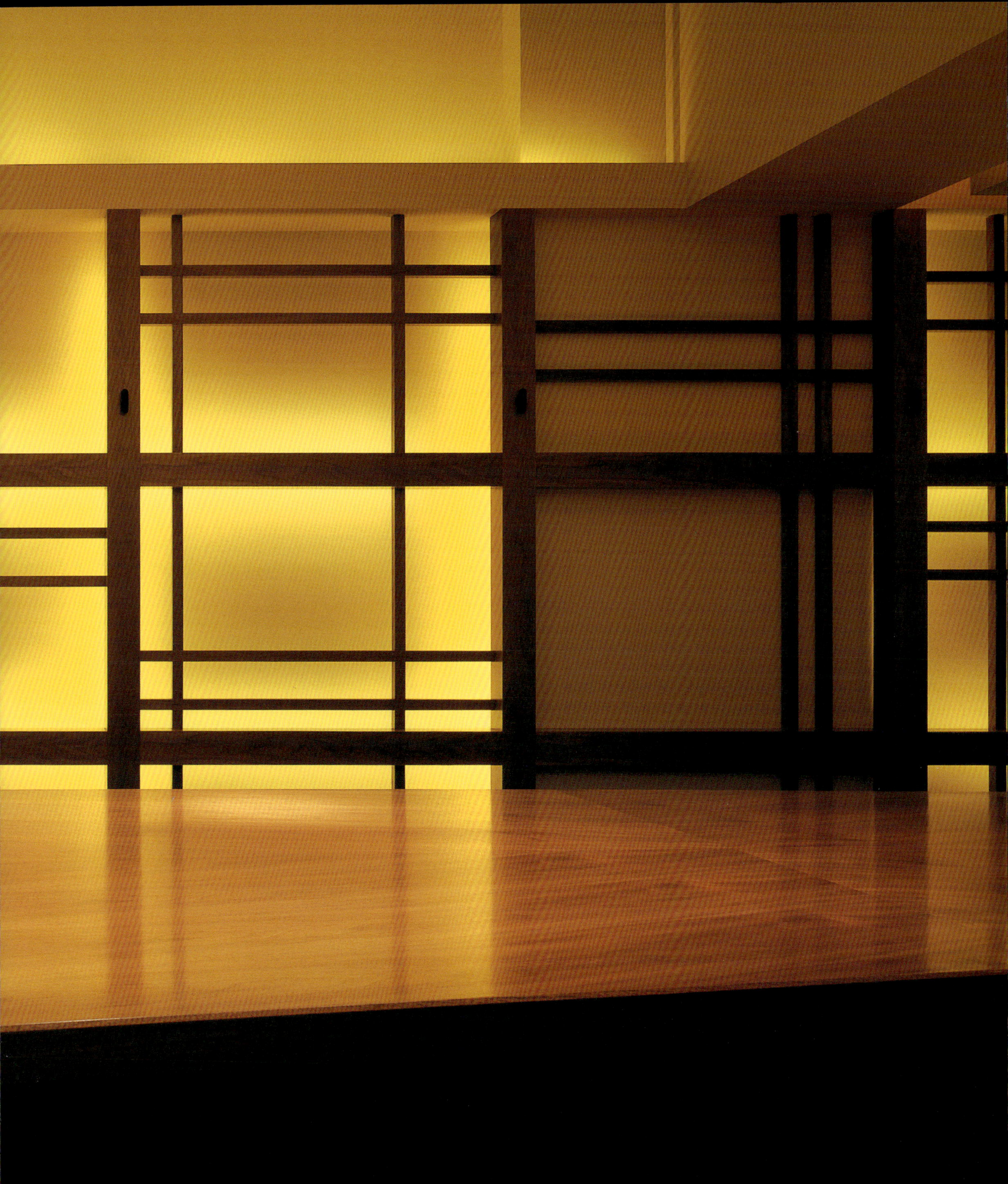

P.42・43	大テーブル席。障子格子をモチーフにした壁面
P.44上	店内を入り口側から見通す
P.44下	ファサード
P.45	テーブル席奥に設置された炙り場
P.42・43	The large table seating.
P.44 upper	A view of the interior from the entrance.
P.44 lower	The facade.
P.45	The large table seating.

Jabuya was designed based on the themes "a facade with impact" and "not just a space for eating ramen." First, the facade, which is emphasized using lighting, attracts customers, and the light guides their attention to the interior. Three types of lights are placed inside so as to connect the walls and ceilings, and the exterior and interior. Light is used to make a thick lattice appear to float, giving this structural space a gentle aspect. Light passing through shoji and a molding based on the image of greenery seen from a veranda give visitors an impression of openness, even while they are inside.

「インパクトのあるファサード」「ラーメンを食すだけではない店づくり」をテーマにデザイン。
まず、光により浮かび上がるファサードが人々を引きつけ、その光は店内へと意識を誘導する。
店内は3種類の光を、壁や天井、外部と内部にわたってつながっているように配している。
また、重厚感のある格a子を光によって浮かび上がらせ構築的な空間に柔らかな表情を与えている。
障子越しの外光や、縁側から見た緑などをイメージした造形により、内部にいながら開放的な印象をつくり出した。

Bar Lounge
SASORI
サソリ

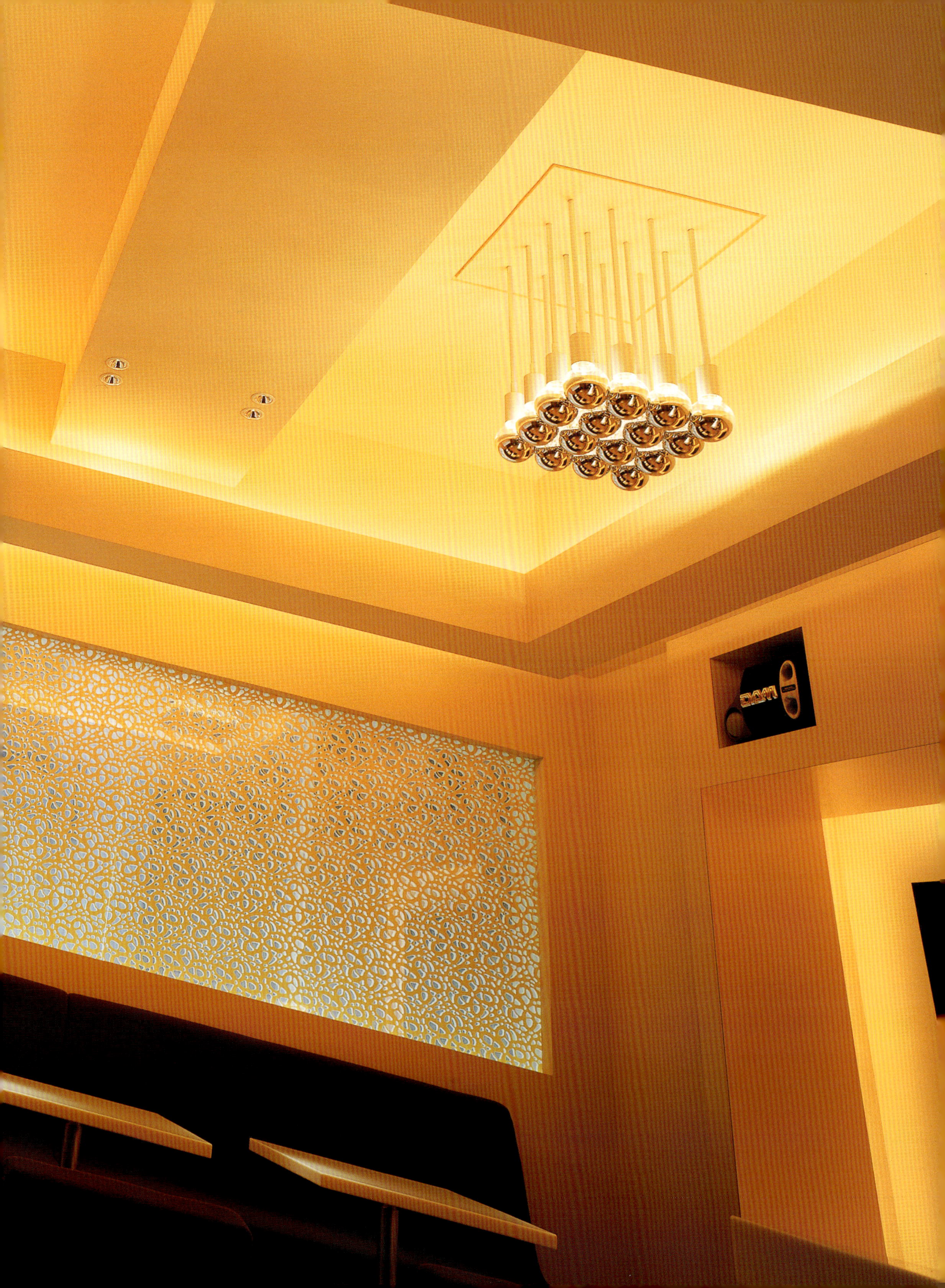
DAM

This lounge-bar fuses the comfort of your living room
with a sense of the extraordinary. The interior is enveloped in warm
indirect light to produce a space where you can relax. A flower graphic
applied to the window glass abstractly expresses nature.
When the light guide in the window glass is turned off,
a night scene resembling a painting is visible beyond the graphic.
This design blurs the boundaries between the interior and exterior
and between floor, walls and ceilings, and brings an extraordinary
openness to a space resembling a living room.

自分の家のリビングで過ごす心地良さと、非日常感を融合したラウンジバー。
全体的に温かみのある間接光で包み込み、リラックスできる空間を演出している。
窓ガラスに施した花のグラフィックは、自然を抽象的に表現したもの。
窓ガラス内に仕込まれた導光板の光を落とすと、グラフィック越しに絵画のように夜景が見える。
内と外、床壁天井などの境界を曖昧にし、リビング的空間に非日常的開放感を与えている

P.46・47	ラウンジスペース
P.48	ラウンジスペース全景
P.49 上	グラフィックシートと導光板をサンドイッチした開口部
P.49 下	個室
P.46・47	The lounge.
P.48	The lounge.
P.49 upper	The graphics on the window.
P.49 lower	The private room.

Bar
DECADE
ディケイド

P.50・51　絵画を思わせる間接光による壁面
P.50・51　The interior.

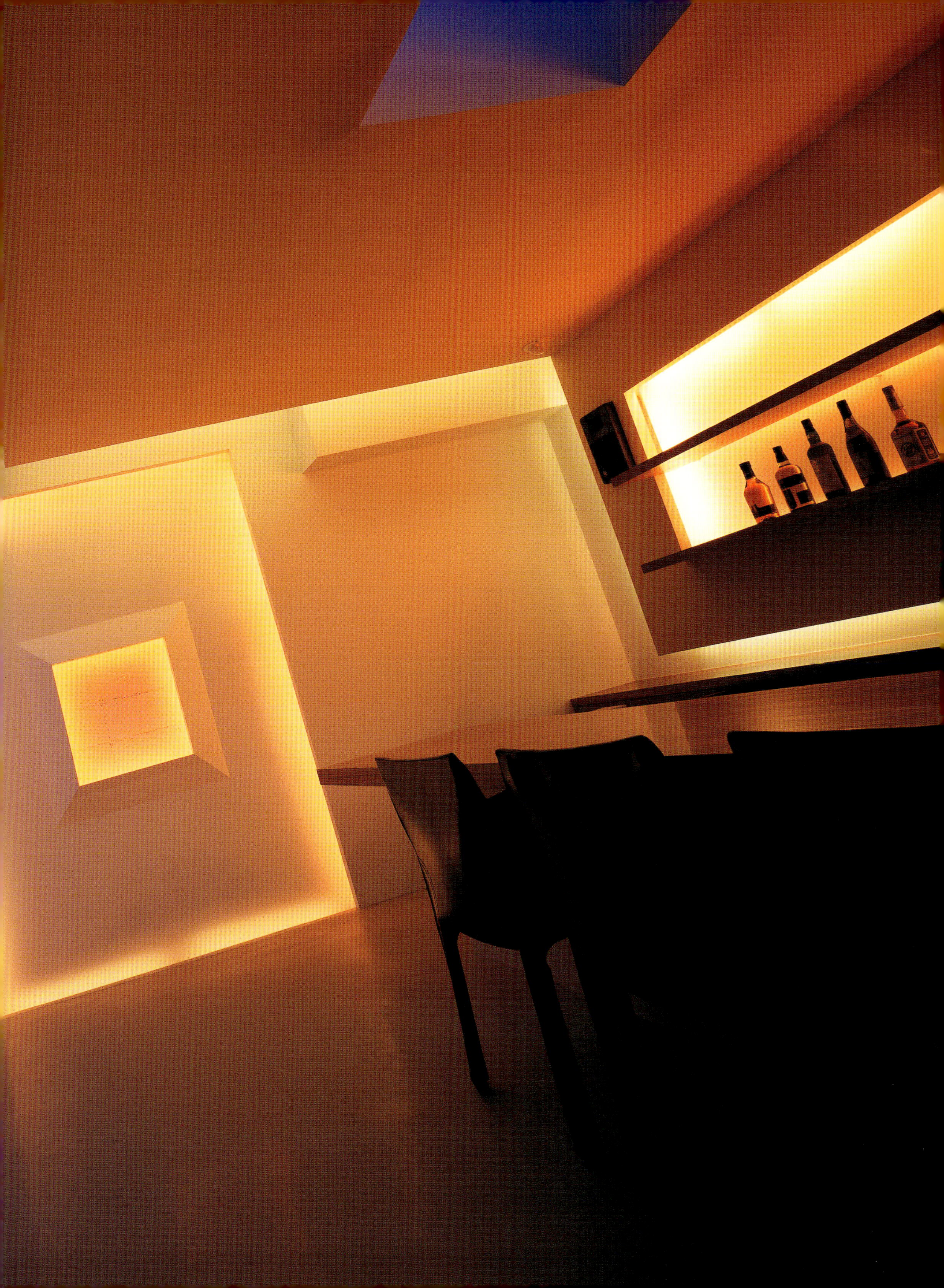

P.52・53	カウンター席
P.53 右上	ハイバックのソファ席
P.53 右下	エントランスからカウンター席を見る
P.52・53	The counter seating.
P.53 upper right	The seating.
P.53 lower right	The counter seating.

53

Bar
EF
エフ

P.54　ミラーによりリフレインするカウンター席
P.55　店内全景
P.54　The counter seating reflected in the mirror.
P.55　The interior.

P.56・57　　　　　　　ソファ席
P.57 右上下　　　　　カウンターバック
P.56・57　　　　　　　The seating.
P.57 upper right & lower　The wall on the counter.

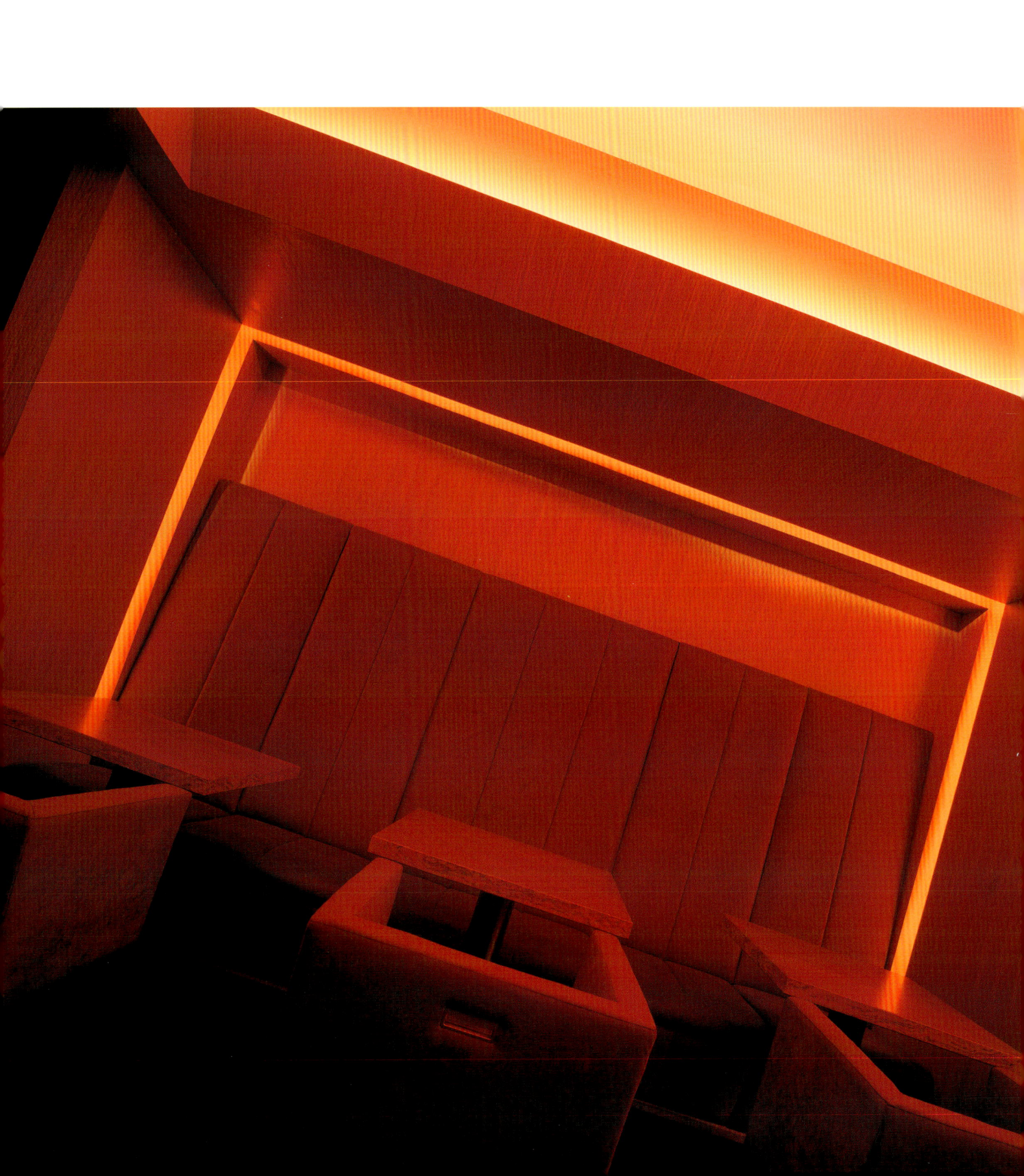

57

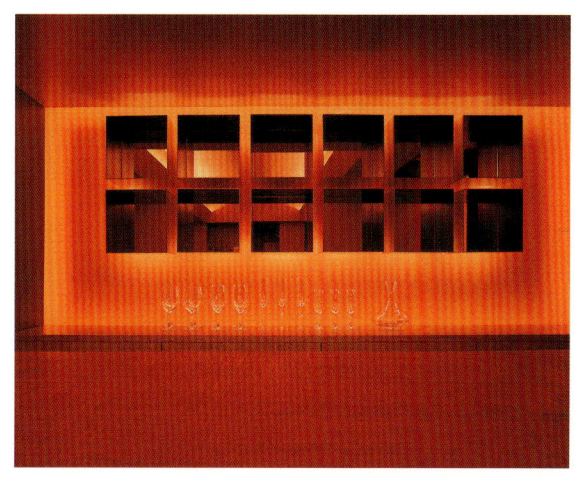

Restaurant
RENA'S KITCHEN
レナズキッチン

P.58・59	古民家を利用したホール空間の見上げ
P.59右上	ダイニングホール
P.58・59	A look up at the celling of the dining hall.
P.59 upper right	The dining hall.

Japanese Restaurant
DARUMASAN ICCHOME
だるまさん一丁目

P.60左	個室
P.60・61	格子で覆われたテーブル席を見通す
P.60 left	The private room.
P.60・61	The table seating.

INTERVIEW 1

DESIGN PROCESS
デザイン・プロセス

柿谷耕司インタビュー 1
聞き手 高橋正明

―― 柿谷さんがデザインする空間で印象的なものの一つに照明計画があると思いますが、どのようなことを考えて取り組んでいるのでしょうか。

自分自身の「陽の光」に対する思いが一番にあり、その光のイメージをいかにシュールに表現できるかということと、光が"カタチ"にならないかということを考えています。その光によって気持ちが開放的になったり、安心したりする精神性もデザインしたいと思っています。
僕の光の表現では、面発光はほとんどありません。引き込まれた奥の方から間接光が伸びてきているような表現です。また光の色は、新緑を感じさせる緑や、朝陽の黄色、夕陽のオレンジなど、自然を感じさせる色を用いています。これらの表現は、デザインによって、例えば15坪の空間をいかに20坪や30坪の空間に見せるかという、壁や天井といった物理的なものを突破していく力のあるものをつくりたいという考えから生まれています。
例えば、バー「ディケイド」（P.50）では、壁面に設けたフレームで、奥につながっていくような光を生み出し、ハイバックのソファ席では、背もたれが上に伸びて天井に入り込み、そこにブルーの光を当てることで、天井を突き抜けてどこまでも続いているような印象をつくり出しています。こういった、空間に広がりやつながりを持たせるつくりによって、体感する人に開放感を与えたいと思っています。
この物件を手掛けている頃は、ミニマルな空間表現を模索していて、あらゆる要素をそぎ落とし、シンプルな構成でいかにストーリーを持った空間をつくり上げていくことができるかを突き詰めていました。このディケイドでは、夕陽と月夜、内包と開放、沈静と高揚感といった要素を一つの空間で表現することをテーマとしていました。

―― 飲食と物販での柿谷さんの光の捉え方の違いをお教えください。

もちろん業態によって光の考え方は変わってきます。物販店は商品が主役なので、それをバックアップする光が求められます。一方、飲食店やバーは、基本的にイスとテーブルがあれば成立するもので、主役

ディケイド（P.50）

オフィスにて

は人のいる空間全体です。そのため、光による演出がよりやりやすい。反対に、物販はその商品をいかに浮かび上がらせるかということを考えるのが面白いですね。

もう一つ、光を使う際に大事にしていることがあります。それは、影をなくして空間を重力から解放するということです。これは故・倉俣史朗さんの言葉で「重力からの解放」という言葉があり、これに大きな影響を受けました。例えば、絵画などで一定の方向から光が当たって影ができると、そこに重さや重力を感じる。空間において、影をなくすことで重力を感じさせず、光に包まれた浮遊感、安心感を出せないかと考えています。物販店では難しいことですが、極力ダウンライトを避けて、間接光を多く取り入れることがあります。

──空間づくりのコンセプトメークは、どのように進められるのでしょうか。

僕の好きな言葉で、映画監督の黒澤明の「弱い稲には、豊かな実りはない。弱い脚本では良い映画は生まれない」という言葉があります。同じように、インテリアデザインにおいても、強いコンセプトがなければ良い空間はできないと思っています。ですから、始めにブレないものをつくりたい。

クライアントと話を始めるときは、何もない状態で入っていきます。とにかくまずは、クライアントを知るということ。デザイン提案などの作業の前に、相手の中にあるものを引き出していくことを重視します。アーティストとデザイナーを比べると、アーティストは自ら課題をつくっていくのに対し、デザイナーは人から与えられた課題に応えていく。限られた時間、予算、クライアントの要望といった与件の中で、課題に取り組んでいくのが好きです。大きな解答のヒントは、クライアントの中にあります。ただ、クライアントのイメージや要望は、抽象的な事柄が多い。それをいかに具体化していくかは、そのクライアントとのコミュニケーションにかかっていて、このクライアントが何を目指していて、僕がデザイナーとしてどう導いていくべきかを探る作業から始まります。まずは、出店要件を明確にすること。業態、立地、そして、誰に何を届けたいのかを具体的に考えていきます。次に、クライアントの考えを知ること。個人であれば、その人となりや考え方、企業であれば企業理念を聞き出します。その後、更にその理念は発展させていくのか、それとも軌道を変えて導いていくべきなのかは、そのプロジェクトによって変わります。どういった形になるにしても、最終的にはクライアントの先にいる、デザインを受け取るお客を見据えてコンセプトを決めます。数字などを用いてのコンサルテーションではなく、感性のコンサルティングが僕の仕事だと思っています。

──提案がクライアントに受け入れられなかった場合の対応策は何でしょうか。

そうしたケース自体、クライアントが求めていることを、読み取れていない証拠ですから、もう一度始めからやり直します。「自分はこうしたい」という作家性と、対社会のデザイナーという立ち位置での考えは、相反する場合もあり、その点は常に注意する必要があります。この「やりたいこと」と「やらなければならないこと」のバランスを考えることもデザインするという仕事の楽しい部分の一つですね。完全にクライアントに応えたつもりでも、自分らしさというものは表出してしまうものです。

──完成後の物件を見て改めて考えられることがおありになるとか。

自分が手掛ける物件ごとに、ある種の緊張感や高揚感を持って取り組んでいますが、仕事から離れて平常心でそのデザインを見た時に、「自分は何を考えてこの仕事をしたのだろう」と自分に問い直したり、自分でも気付かなかった自分の思いや記憶みたいなものが見えることがあります。仕事をしている時は、その与件に応えることを第一にやっていますが、後で見直すと自分の新たな側面が出ているのかなと感じることもあります。

Lifestyle Store
PLAZA Harajuku
プラザ 原宿店

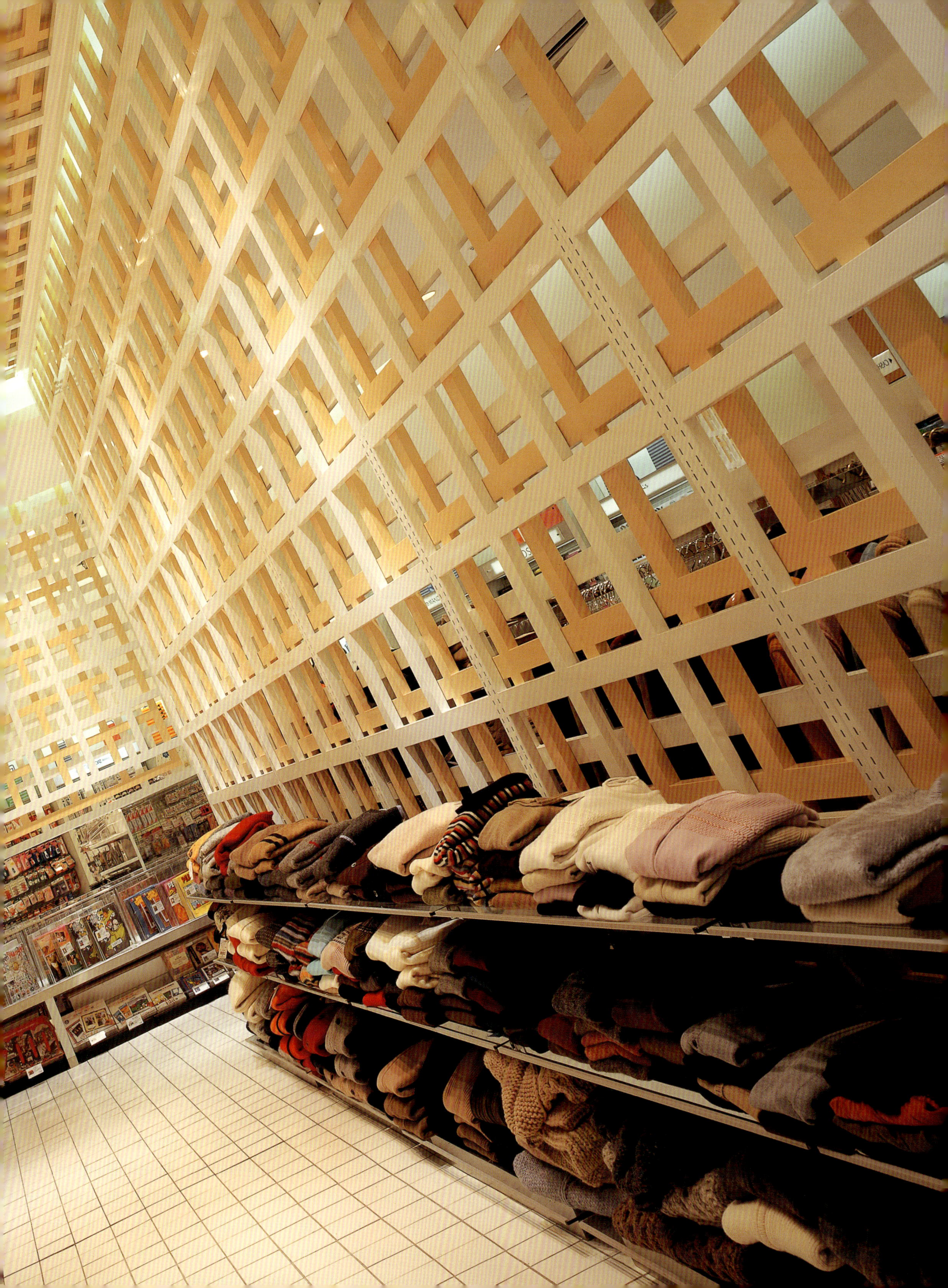

A series of grid patterns throughout the store combine structurally to give customers' movement patterns a migratory quality. Combining the shop's central grid, which serves as a symbolic gate, with the grid on the floor imparts unity and movement. Also, the grids' connections and overlapping areas convey a sense of collision and unification, going beyond the functionality of the customer traffic patterns to make customers' visits fun.

店全体にグリッドのパターンを連続させ、それを構造的に組み合わせることで客動線に回遊性を持たせている。
店内中央のグリッドによるシンボリックなゲートと、床のグリッドを合わせることで、空間に一体感と動きを与えた。
また、グリッドのつながりや重なりが、力のぶつかり合いや融合が感じさせ、動線の機能以上に、来店者に滞留する時間を楽しんでもらう効果を生んでいる。

P.64・65　格子がゲート状に囲む店内中央の売り場
P.66・67　店内全景
P.64・65　The shop area.
P.66・67　The interior.

2007年3月に店名はPLAZAに変更

P.68・69	外観。エスカレーターで2階店舗入り口へアプローチする
P.69右上	エスカレーターホール。光アクリル棒が客を誘導する
P.69右下	レジカウンターまわり
P.68・69	The facade.
P.69 upper right	The escalator hall.
P.69 lower right	The checkout counter.

69

Lifestyle Store
PLAZA Kumamoto
プラザ 熊本店

P.70・71　間接光を仕込んだレジカウンターまわり
P.70・71　The checkout counter.

CASHIER

PLAZA
Sony Plaza

P.72　ファサード
P.73　ワイヤーシステムを用いたウインドーディスプレイ
P.72　The facade.
P.73　The window display.

greatescape

P.74 上下	売り場を見る
P.75	ファサード
P.74 upper & lower	The shop area.
P.75	The facade.

This shop was designed based on the theme of "long life" and the key words "form," flexibility," "speed" and "clear and cool." First, the structural beams and pillars were made to glow softly, and that light forms a belt around the interior. This light belt has a substantial feel but defies gravity, making visitors feel comfortable and defining their migration course. Also, random lines on the floor create the illusion of distance, and in a way create a sense of speed.

「ロングライフ」を主テーマに、「フォーム(形状)」「フレキシブル」「スピード」「クリア&クール」というキーワードのもとデザインした。
まず、構築的な梁柱を柔らかな光で発光させ、その光の帯を空間全体にラウンドさせている。
存在感がありながらも重力を感じさせない光の帯は、訪れる人々に心地良さを与えるとともに、回遊動線を明確にしている。
また、床にランダムなラインを入れることで距離感を錯覚させ、ある種の速度感を与えるデザインとした。

Lifestyle Store
PLAZA Okayama Ichibangai
プラザ 岡山一番街店

P.76・77	店内全景
P.77 右上	ディスプレイ柱を見る
P.77 右下	ファサード
P.76・77	The interior.
P.77 upper right	The column display.
P.77 lower right	The facade.

P.78左　　　レジカウンターまわり
P.78・79　　天井造作見上げ
P.78 left　　The checkout counter.
P.78・79　　The fixtures of the ceiling.

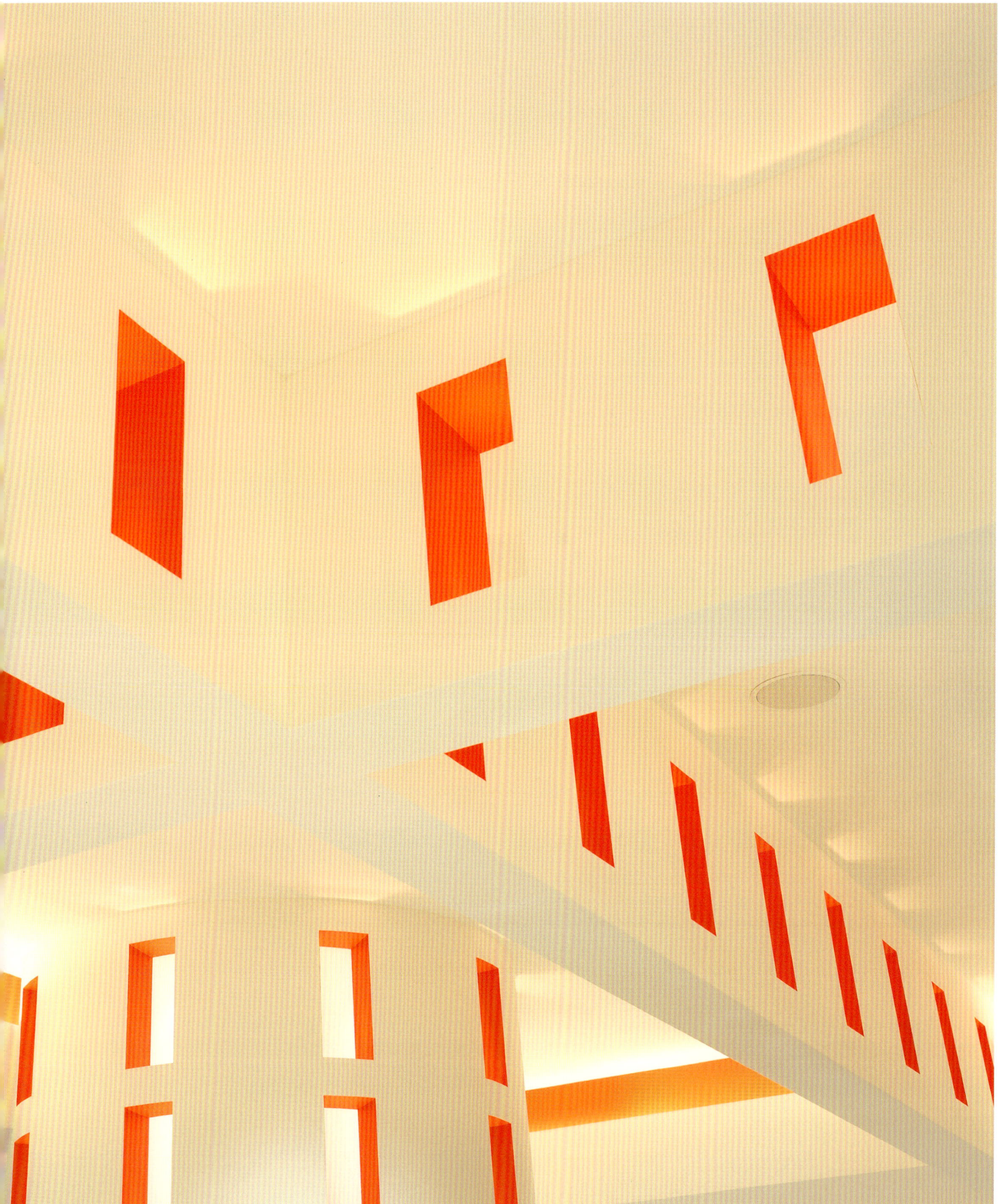

Lifestyle Store
PLAZA Chiba Aurora Mall
プラザ 千葉オーロラモール店

P.80　レジカウンターバックのディテール。アクリルのバーと、ピンク色のLEDが仕込まれた内照壁
P.81　エントランス側から見た店内全景
P.80　Detail of the checkout counter.
P.81　The shop area.

P.82 上	レジカウンターまわり。カウンター腰には、人造大理石内にLEDが仕込まれている
P.82 下	売り場
P.83	売り場越しにレジカウンターを見る
P.82 upper	The checkout counter.
P.82 lower	The shop area.
P.83	A view of the checkout counter from the entrance.

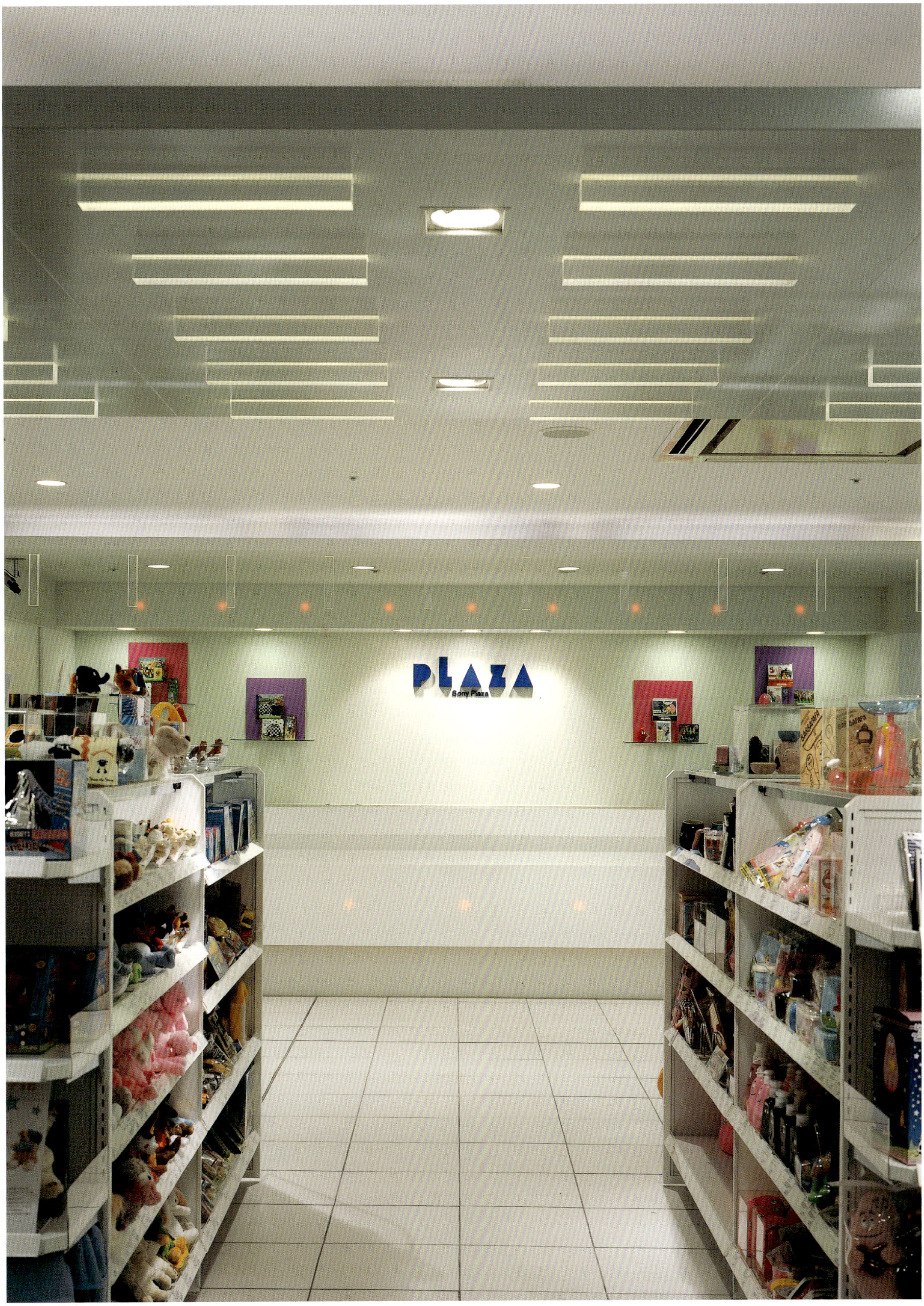
PLAZA
Sony Plaza

Lifestyle Store
PLAZA Lumine Shinjuku
プラザルミネ新宿店

P.84・85　レジカウンターまわり
P.85右　　ファサード
P.84・85　The checkout counter.
P.85 right　The facade.

This store is inside a building directly attached to the Shinjuku Station building. Because of the heavy inflow of people, the design stresses asserting the shop identity within the shared space. A set-back facade was used to raise the profile of the shop, and a series of lighted lines and fixed grids connects to the interior to complete "an inductive design." Moreover, the shop was designed to be spacious and use reflection and grids continuing along oblong sections to create senses of depth and width.

この店舗は、新宿駅と直結するビル内に立地し、人の流入が多いため、
共用空間へのショップアイデンティティーの主張を重視した。セットバックさせたファサードで店の存在を認識しやすくし、
光のラインと一定のグリッドを連続させてショップ内につなげることで、「誘導的デザイン」を完成させている。
また、横長の区画に対して連続するグリッドと映り込みによる奥行き感、ワイド感を感じてもらえるよう、
ゆったりとした空間を意識してデザインしている。

P.86左　　　店内を見通す
P.86・87　　天井見上げ
P.86 left　　The interior.
P.86・87　　A look up at the ceiling.

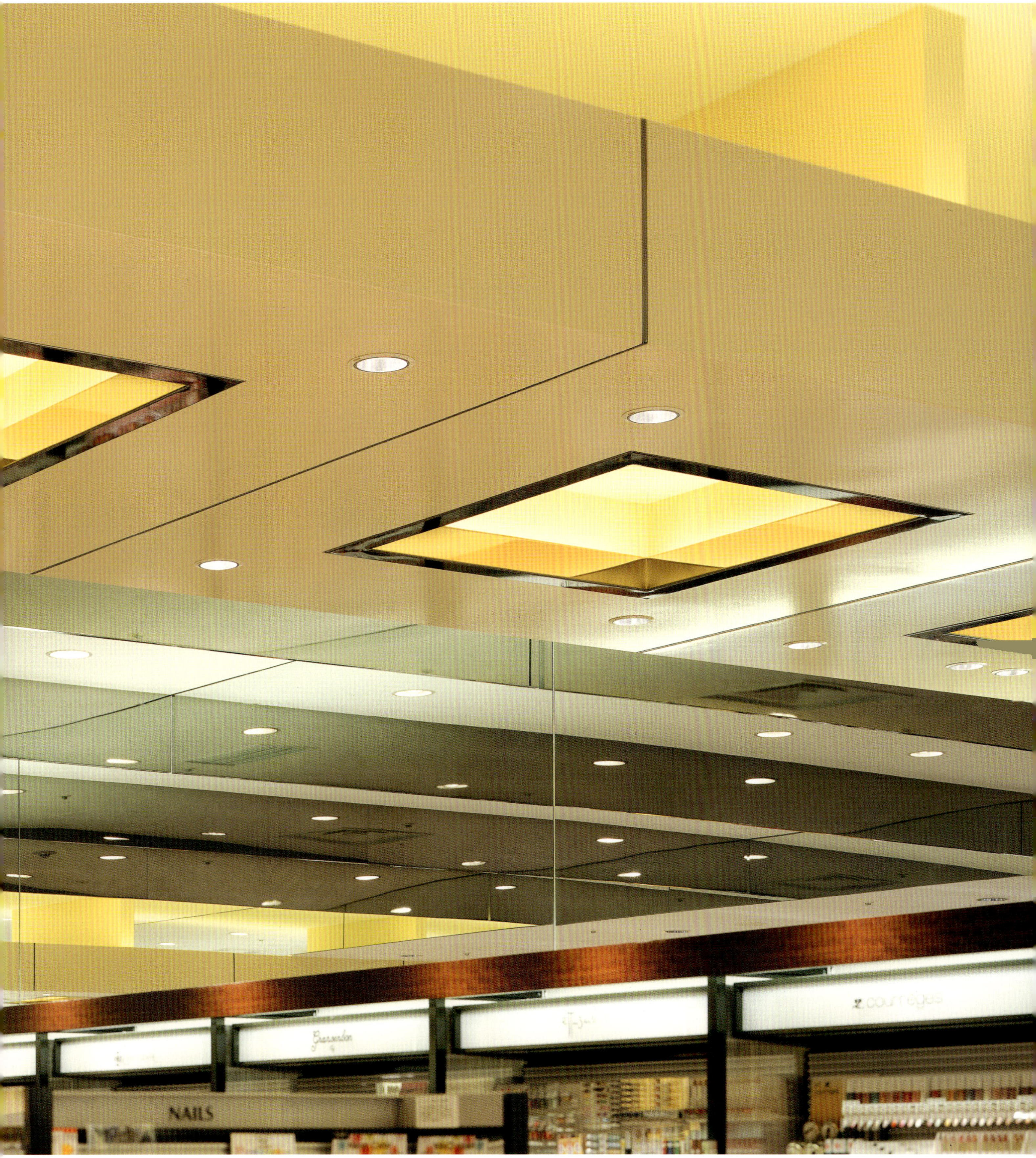
NAILS

Lifestyle Store
PLAZA Shibuya 109
プラザ 渋谷109店

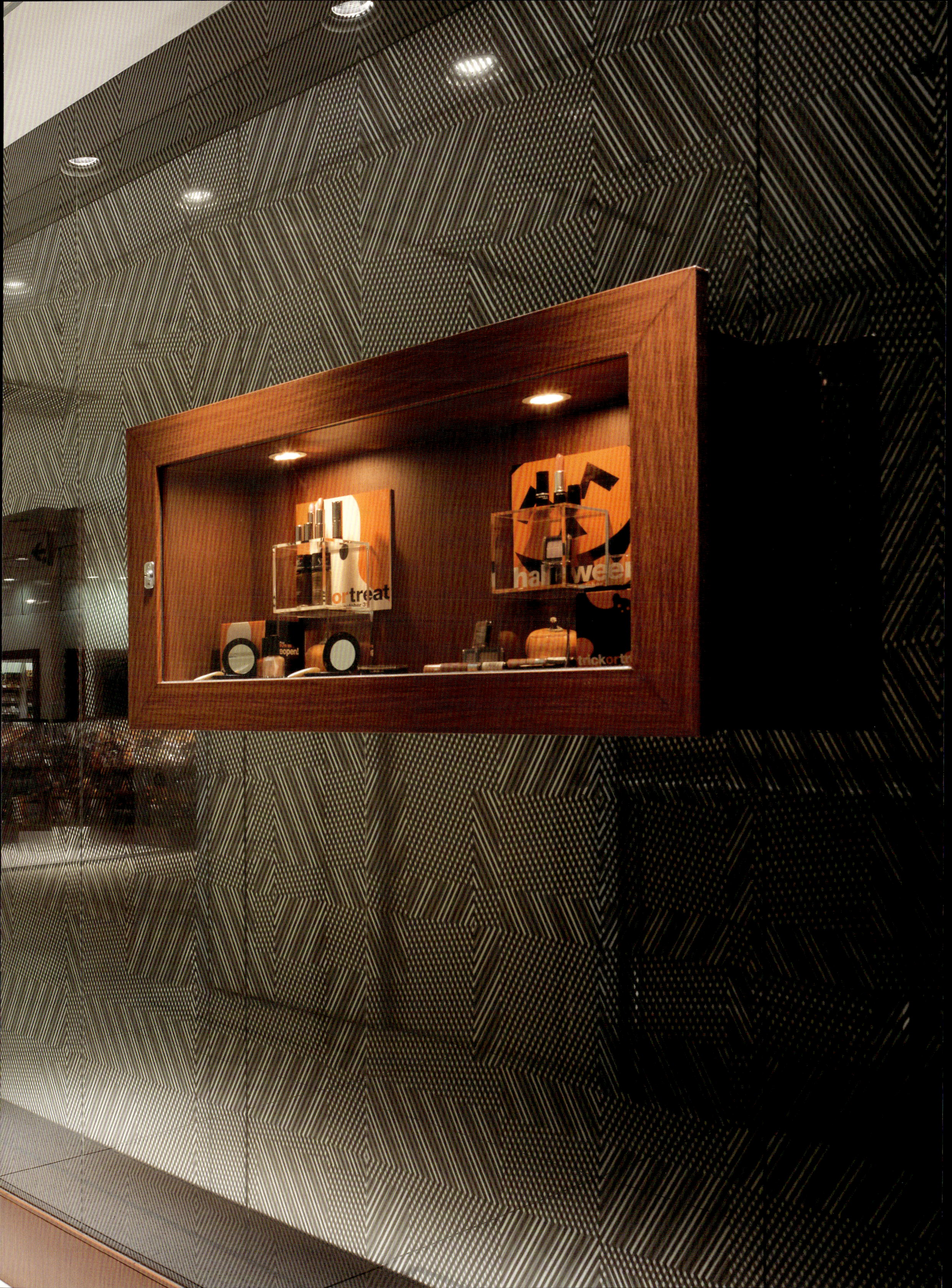

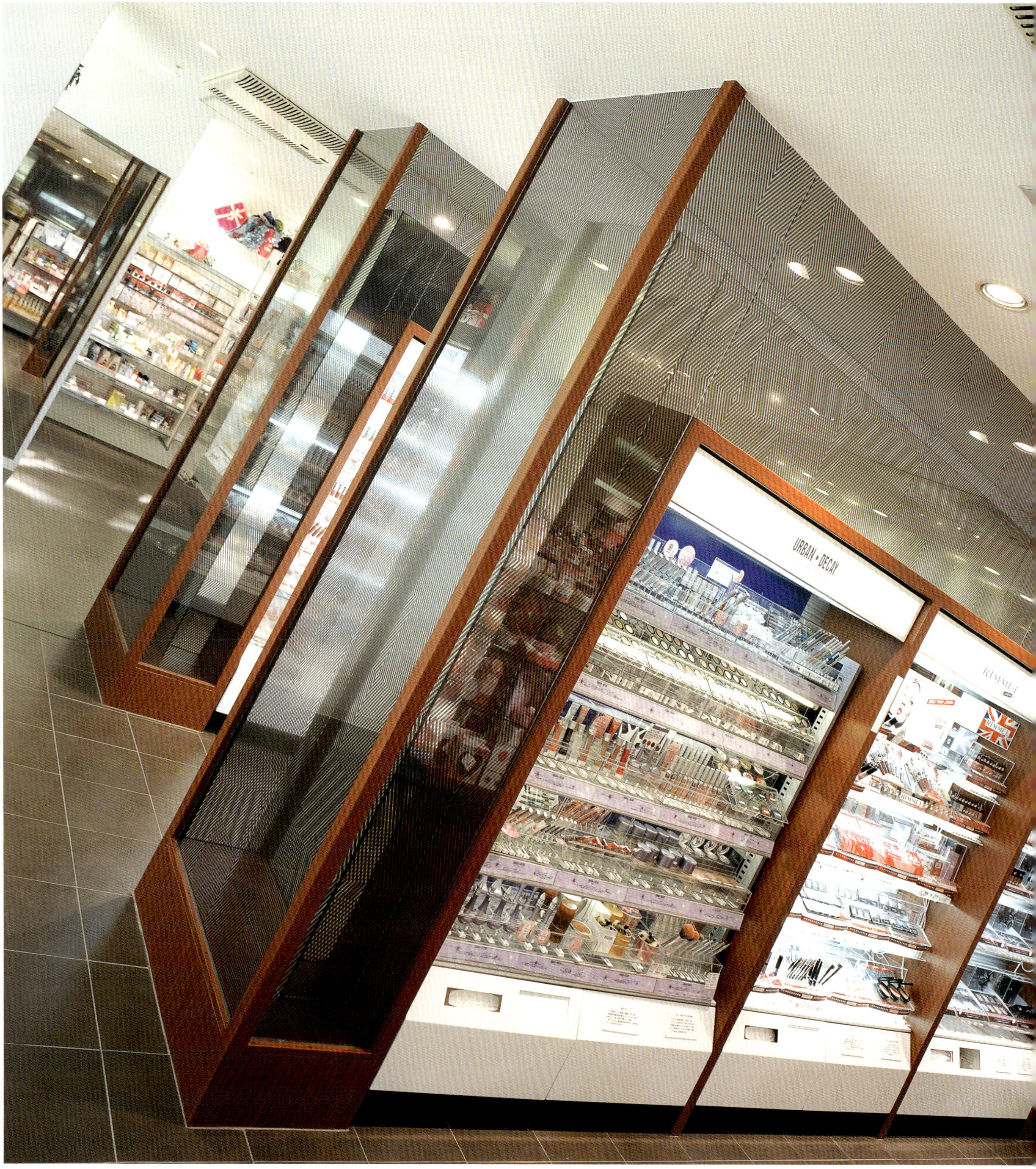
URBAN DECAY

P.88・89	ファサード
P.90・91	売り場のディスプレイ棚。グラフィックシートを重ねてモアレ効果を創出
P.91右	パーティション越しに店内を見る
P.88・89	The facade.
P.90・91	The display rack.
P.91 right	The partition.

A lot of glass and mirrors are used in the space, along with graphic sheets. The graphic patterns change with the angle of the viewer's gaze, and the design uses reflection to create a complex and mysterious sense of depth and sparkle. The grain of wood was combined with that pattern to convey Plaza-brand products' dignity and the brand's insistence on quality.

空間全体にガラスとミラーを多用、そこにグラフィックシートを施した。
グラフィックのパターンは人の目線の角度で変化し、さらに映り込みによって複雑かつ不思議な奥行き感やキラキラ感が表れるよう工夫している。
また、そのパターンに木目を組み合わせることで、ショップが取り扱う商品の質に対するこだわりや品格が受け手に伝わるよう提案した。

P.92	入り口側から見た什器群
P.93 上	レジカウンターまわり
P.93 下	店内を見通す
P.92	A view of the interior from the entrance.
P.93 upper	The checkout counter.
P.93 lower	The interior.

Lifestyle Store
PLAZA Atre Ebisu
プラザ アトレ恵比寿店

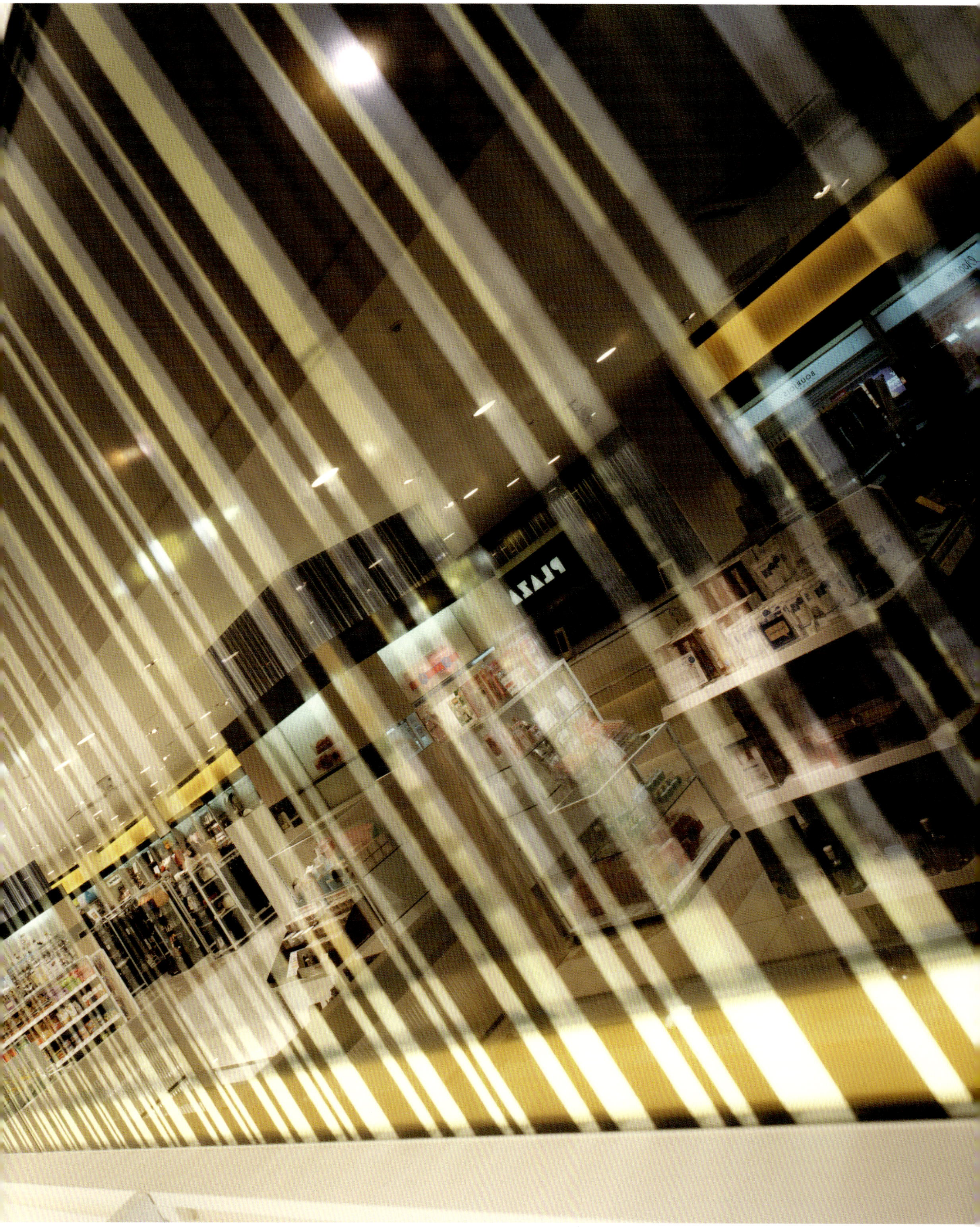

P.94左	ファサード
P.94・95	店内と共用部を仕切るガラスパーティション
P.96左	店内を見通す
P.96・97	入り口側から店内を見る

P.94 left	The facade.
P.94・95	The partition.
P.96 left	The interior.
P.96・97	A view of the interior from the entrance.

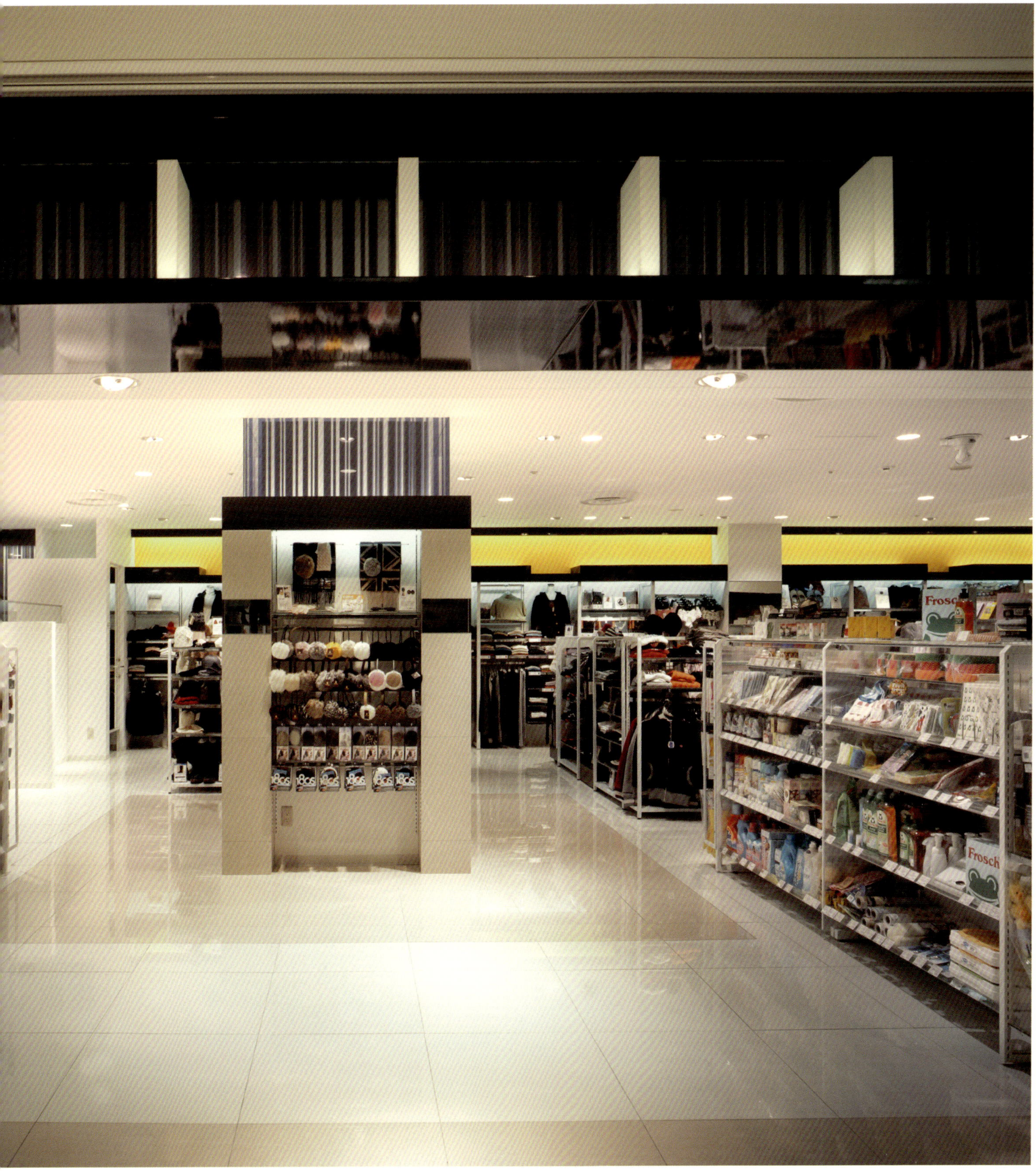
Frosch

Lifestyle Store
PLAZA BEAUTILICIOUS Echika Ikebukuro
プラザ ビューティリシャス エチカ池袋店

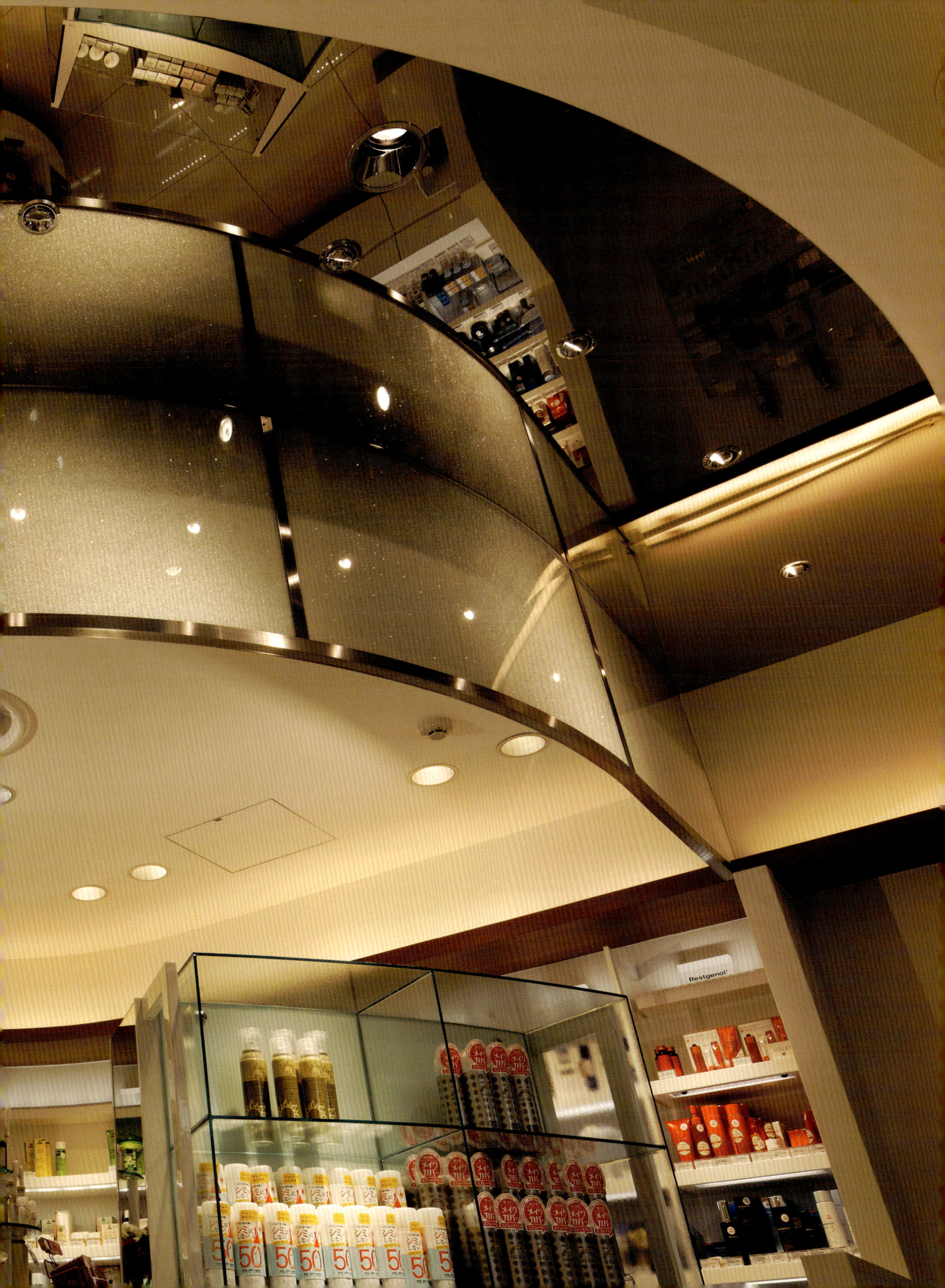
Restgenol

P.98・99	クラッシュガラスを詰め込んだ垂れ壁を見上げる
P.100上	ファサード
P.100下	レジカウンターまわり
P.101	アール壁で囲まれたコーナー売り場
P.98・99	A look up at the wall fixtures.
P.100 Upper	The facade.
P.100 lower	The checkout counter.
P.101	The shop area on the corner.

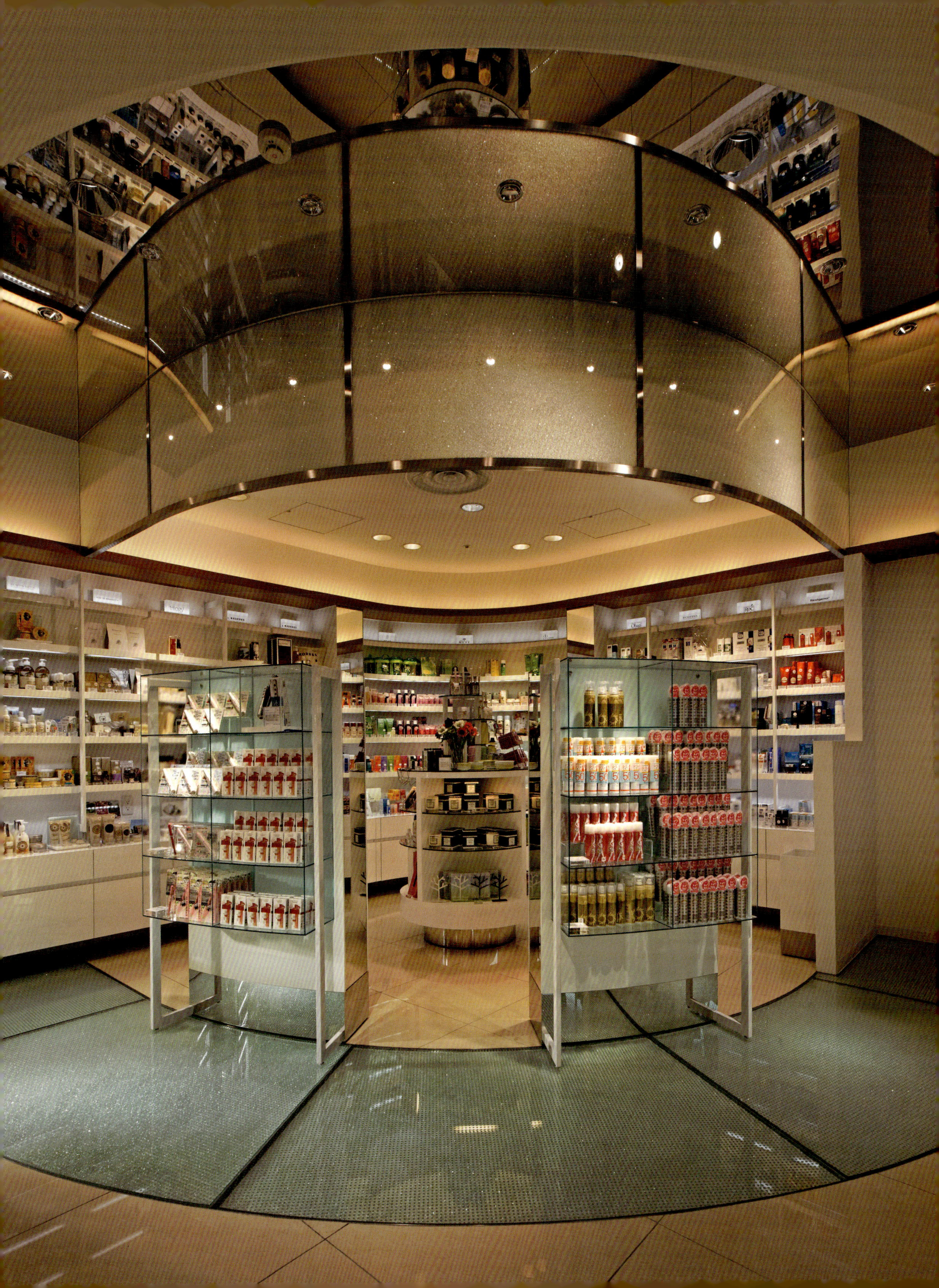

Boutique
ALBA ROSA MYTANE Harajuku
アルバローザ マイタネ 原宿

P.102　ファサード。開口部ガラスには見る角度によって見え方が変わるシートを使用
P.103　レジカウンターと売り場を見る
P.102　The facade.
P.103　The checkout counter.

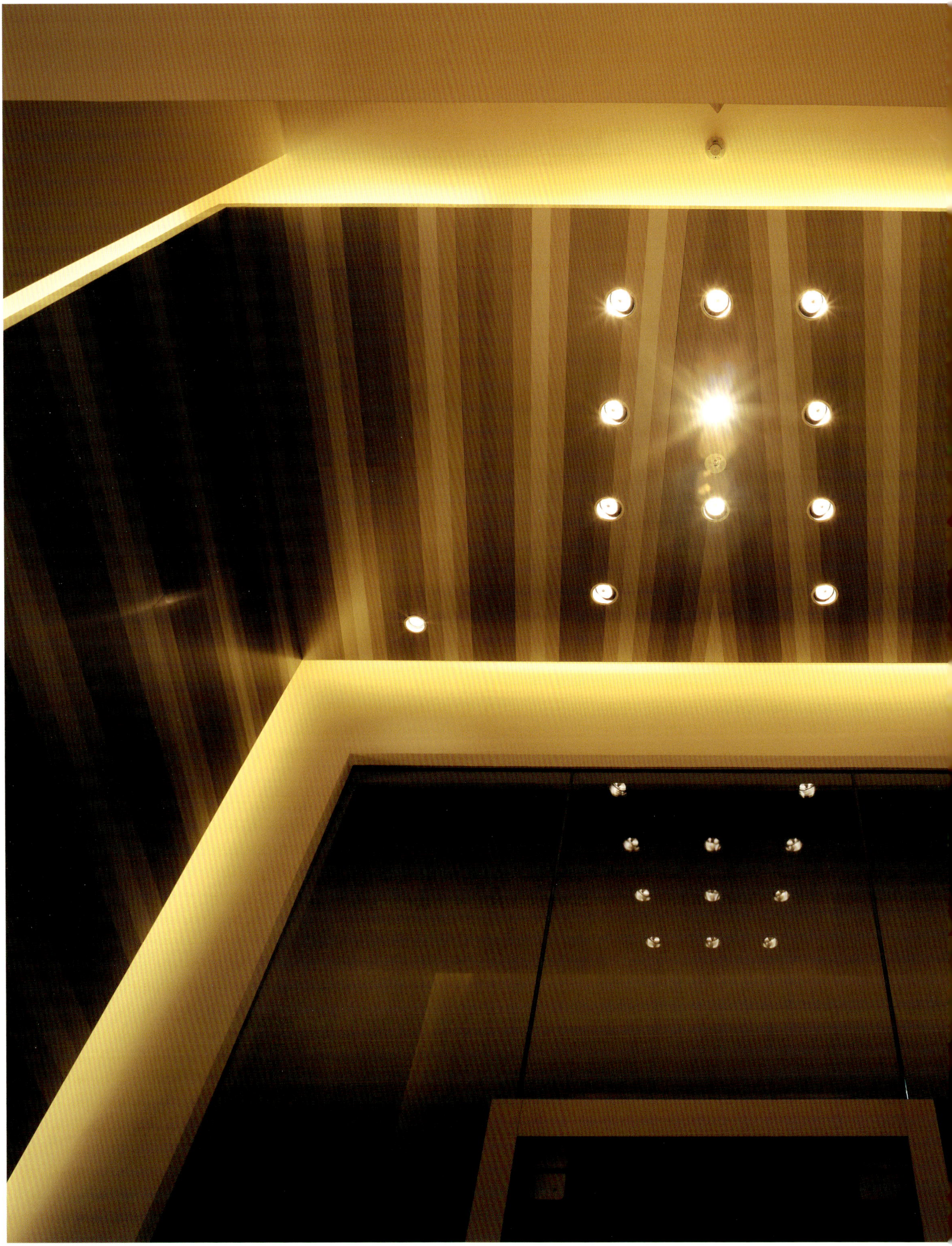

P.104・105　エントランスの吹き抜け部を見上げる
P.105右　　同壁面
P.104・105　The stairwell of the entrance hall.
P.105 right　The wall of the entrance hall.

P.106 上	売り場にはオリジナルのアクリル什器
P.106 下	コーナー売り場
P.107	外観。エントランス吹き抜けにはハイビスカスの立体造形を設置
P.106 upper	The shop area.
P.106 lower	The shop area on the corner.
P.107	The facade.

Kakitani uses hard materials but expresses gentle textures in this shop design based on the theme "hints of a resort." He combined molded objects and indirect lighting to intentionally make the products on display seem to float. At the same time, he produces a sense of safety, suppleness and casualness to give the interior a gentle appearance. The walls' anodized aluminum borders and the color and light gradations of facade's border give the entire structure, including the architecture, a sense of floating.

「リゾートを予感させる空間」をテーマに、硬質な素材を用いながらも優しい風合いを空間に表現している。
造形物と間接照明を組み合わせることで、陳列された商品が浮かび上がるような見え方を意識した。
また同時に、空間全体に包み込まれるような安心感としなやかさ、軽快さを演出し、柔らかい表情に仕上げた。
そのほか、壁面のアルミアルマイト加工によるボーダー、ファサードのボーダーによる色と光のグラデーションで、建築を含めた空間全体に浮遊感を与えている。

Boutique
ALBA ROSA Shinjuku marui
アルバローザ 新宿マルイ

P.108	ラウンドしながら立ち上がる壁面ディスプレイ棚
P.109 上	共用部から店内を見る
P.109 下	レジカウンターまわり
P.108	The wall & the display rack.
P.109 upper	The facade.
P.109 lower	The checkout counter.

Kakitani made abundant use of curves on the corners
of the walls and ceilings and where fittings were installed,
creating a space that envelopes the visitor in roundness.
The curves were fitted with indirect lighting to give the space
a sensation of floating, and create an impression of liberation
from the architectural structure. Also, the water color of the area
behind the counter is based on the image of the waterside,
which evokes the brand concept of "a resort feeling."
And by shining blue lights on the beige of the walls as well,
the Kakitani creates coloring that achieves the feeling of a large shop.

床や天井のコーナー、什器の設置部にアールを多用し、丸味を帯びた空間に包まれるような空間とした。
アール部分には間接光を仕込み、空間が浮いているような感覚を与え、建築の構造から解放された印象をつくり出している。
またカウンターバックの水色は、ブランドのコンセプトである「リゾート感」を喚起させる水辺のイメージ、
ベージュ色の壁面にも青色の照明を反射させることで、奥行き感のある色味を生み出している。

P.110 左　レジカウンター
P.110・111　什器越しに店内を見る
P.110 left　The checkout counter.
P.110・111　The interior.

Boutique
ALBA ROSA Hiroshima
アルバローザ 広島

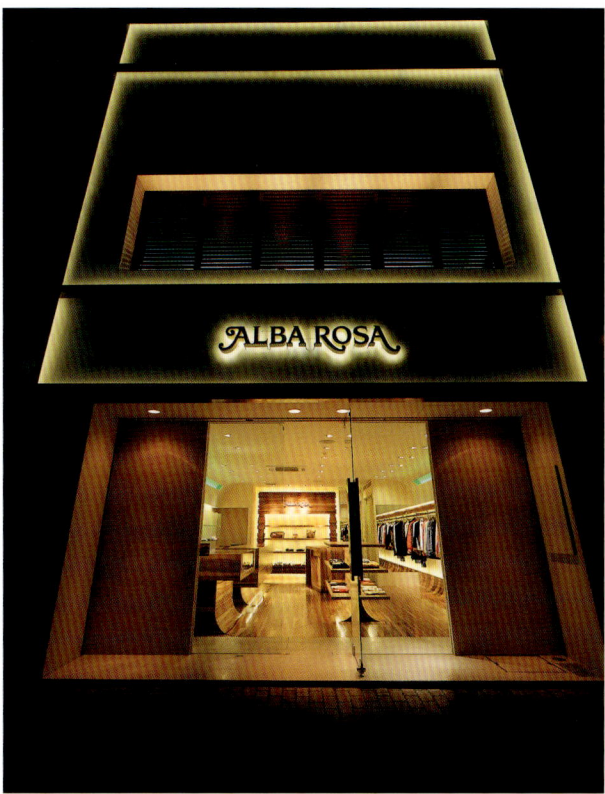

P.112	額縁を思わせるディスプレイ棚
P.113 上	レジカウンターまわり
P.113 左下	ファサード
P.113 右下	店内を見返す
P.112	The display rack.
P.113 upper	The checkout counter.
P.113 lower left	The facade.
P.113 lower right	The interior.

Boutique
ALBA ROSA Fukuoka Solaria Plaza
アルバローザ 福岡ソラリアプラザ

P.114　レジカウンター
P.115　什器越しに店内を見通す
P.114　The checkout counter.
P.115　The interior.

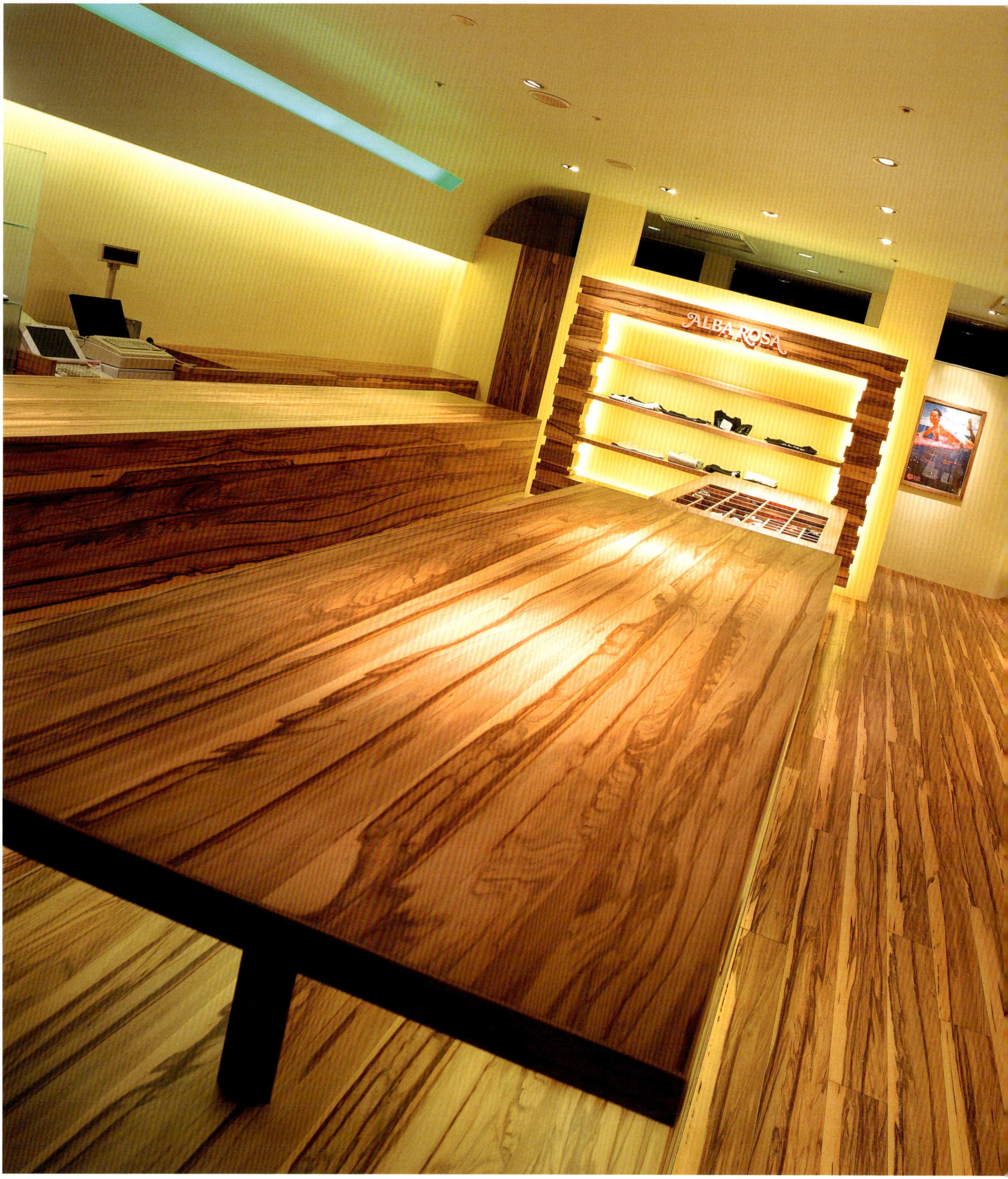
ALBA ROSA

P.116 木目を多用した店内
P.117 ファサード
P.116 The interior.
P.117 The facade.

Boutique
PARK EAST
パーク イースト

Vanilla

P.118・119　レジカウンターまわりから店内を見る
P.120　　　レジカウンター越しに店内を見る
P.121　　　店内を見通す
P.118・119　The checkout counter and the interior.
P.120　　　The interior from the checkout counter.
P.121　　　The interior.

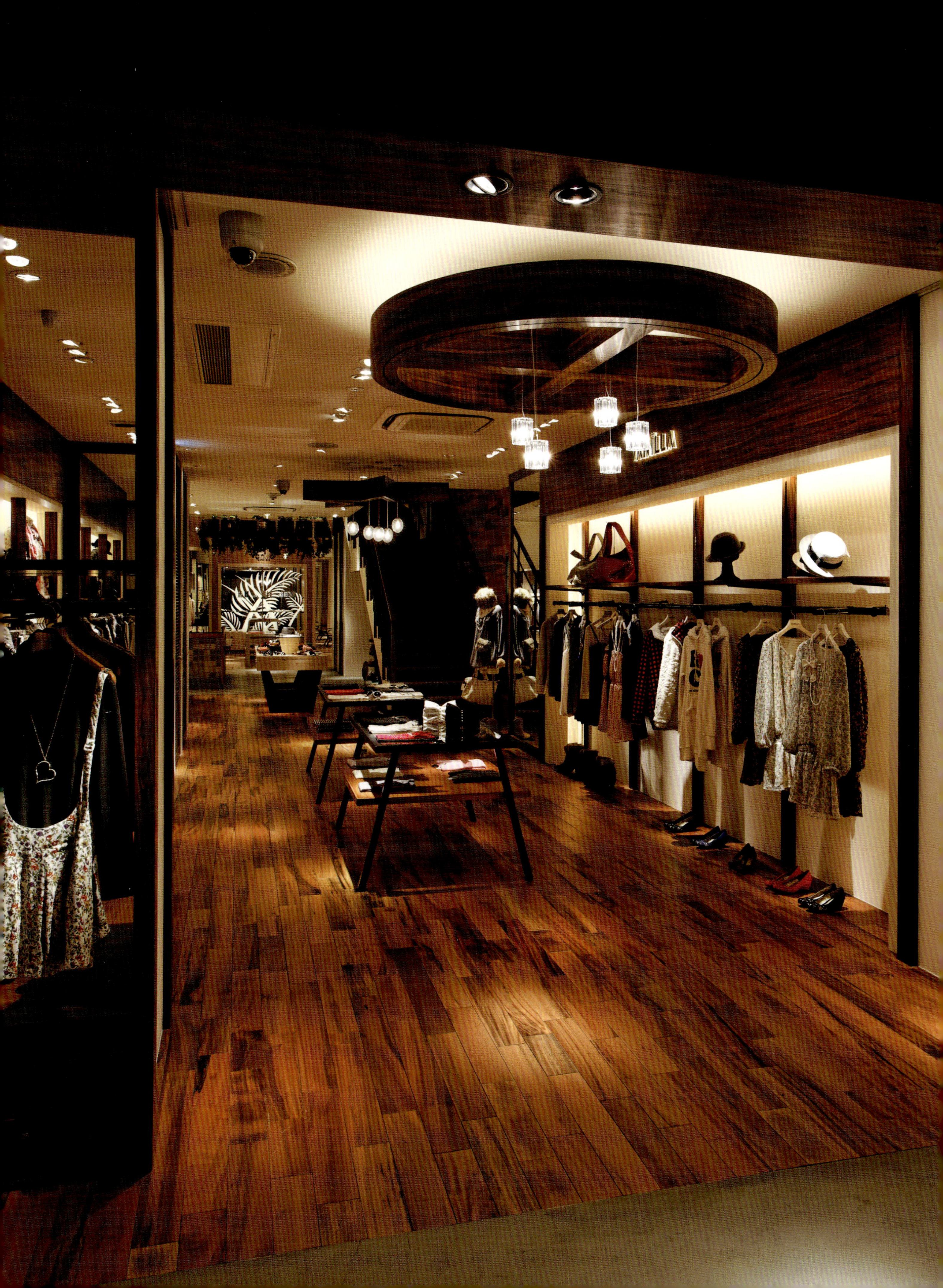

P.122　エントランス。太陽をモチーフにした照明が吊られる
P.123　天井にフェイクのグリーンを施した売り場
P.122　The entrance.
P.123　The shop area.

Taking the client's concept of "a 'park' named fashion,"
Kakitani made a space to hold four brands.
While giving each of four zones the openness of a park,
he makes the visitor conscious of the connections
between those spaces and gives them
an ambiance reminiscent of an outdoor space.
This interior incorporates elements that convey nature,
including a round lampshade likened to the sun,
distressed floor tiles and mock greenery.

「ファッションという名の"公園"をつくる」というクライアントからのコンセプトを受け、
四つのブランドが入る空間をデザインした。四つのゾーンそれぞれに公園の開放感を与えると共に、
それぞれの空間のつながりを意識させ、外部空間のような雰囲気を持たせている。
太陽に見立てた丸いランプシェード、エージング加工した床タイル、生と擬似のグリーンなど、
自然を感じさせる要素を多く取り込んだ。

Boutique
PARK Shinsaibashi
パーク 心斎橋

P.124 ファサード
P.125 レジカウンターまわり
P.124 The facade.
P.125 The checkout counter.

INTERVIEW 2

―― 柿谷さんのデザインルーツはどこにあるとお考えでしょうか。

どんな人にも、幼年期のピュアな体験の中に直感的に「楽しい」と感じることや感動したことがあったと思います。しかし、それらの体験は、大人になるとほとんど忘れてしまっている。その記憶の断片を呼び起こし、拾い上げていく作業もインテリアデザインの仕事の中で行っている気がします。
何に感動したか、今でも覚えていることはあるし、思い返すこともあります。社会に出て、仕事をするようになり、自分の中にあったあの感動は何だったのか、もう一度考え直してみて、その感動を伝えられるデザインを探しています。
僕の生まれ育った金沢は、日本の中でもかなり降水量の多い地域で、冬は雪がたくさん降ります。この雨と雪が、子供の頃の自分の中に「苦しい体験」と「刺激的な体験」として在りました。日曜日に外に遊びに行きたくても、窓を開けると雨で、そうでなくても曇り空が多くて子供心にがっかりするわけです。初めて東京に出てきた時、ほとんど毎日空が晴れていて気持ち良く、なんていい街なんだと思った記憶があります。一方で、夜のうちに降った雪が次の日晴れると、白くてきれいで、太陽光の反射でキラキラとまぶしく、とても開放的な気持ちになる。そういう幼年期の田舎の体験と、東京での体験が重なって、より陽の光に対して強い欲求を抱くようになっていきました。
覚えている体験でもう一つ、子供の頃、夏休みに親戚の家に泊まった時のことがあります。夜になると蚊帳を吊ってその中で寝るのですが、和室の戸を開け放って、縁側越しに月明かりが差す庭を見ながら、外とつながる開放感を感じ、同時に豆電球の灯りと蚊帳に包まれて守られるような安心感の中で眠った記憶があります。
これは、ここ10年くらい自分の中で考える「内包と開放」というデザインテーマにつながっています。僕の中では、この幼少期の記憶としての「原風景」と、憧れや期待としてある「心象風景」が残っていて、その精神性をカタチとして突き詰めていきたいという思いがあります。

―― 「内包と開放」とは具体的にどのようなことでしょうか。

僕のデザインにおけるキーワードの一つに「縁側」というものがあります。縁側は、外でもなく内でもない中間領域だと感じていて、どっしりとした日本家屋の中で守られているような安心感と外の空気が同居した場所です。気持ち良さや自然の風景に感動を受ける空間とでも言えばよいでしょうか。その感覚をデザインできたらと考えています。
また厚みがあるもの、奥行きがあるものにも執着しています。空間やモノの持つ深みのようなものですが、それらに執着していく中で、厚みがあるのだけれど、それが中空に浮いていて、重力を感じさせない表現といったものをすることがよくあります。フレームに厚みがあってそれを光が包むようにあって、それを見た人が安心感のようなものを感じられれば良いと思っています。

―― 安心感や温かみのある光は、柿谷さんの空間の特徴ですね。

クールさをイメージして空間をつくることはほとんどないですね。イタリアンレストランの「ボッカディレオーネ」（P.38）では、床・壁・天井にアルミを用いながら、温かみのあるオレンジの光を当て、本来冷たい印象を持つアルミの素材感を変質させ、その存在を消しています。初めて見た人は、それがアルミだとは思わないでしょう。僕の狙いはこのように、素材の持っている印象や意味を転換していく中で、そこに新しい価値観が生まれないかという試行錯誤の中にあります。

―― プラスチックスタジオ＆アソシエイツ（以下、プラスチックスタジオ）時代はどのようなことを考えてデザインに取り組んでいたのでしょうか。

東京出てきて、現実的なデザインの作業が始まり、その中で幼少期には出合わなかった情報、建築家やデザイナーの仕事に影響を受けていきました。ただ、新しいものに刺激を受けると同時に、「普遍的なデザインとは何なのか」ということを考え始めました。デザインというものが、社会においてどのように、どのくらいの期間で消費されるのか、または永続するのかということを意識するようになりました。同

DESIGN ROOTS
デザイン・ルーツ

柿谷耕司インタビュー 2
聞き手 高橋正明

たかはし・まさあき
デザイン批評。オランダのインテリア誌 Frame、建築誌 Mark など、海外の雑誌に、日本の建築、デザイン、アートについて寄稿。編集プロダクション「ブライズヘッド」主宰。社会と建築をつなぐ団体 SHA-ken（www.sha-ken.org）主宰。著書「建築プレゼンの掟」「次世代の空間デザイン21名の仕事」「Design City Tokyo」「商店建築増刊 ワールド・ハイパー・インテリア vol.1〜3」他多数。DIESEL DENIM GALLERY AOYAMA のキュレーターも務めている。
www.brizhead.jp

時に、プラスチックスタジオに入所したての頃は、デザイナーという仕事が格好良いと思い、漠然とデザインの仕事をやっていたこともあると思います。ところがその中に身を置くうち、デザインという仕事の「スピード感」が楽しく、どんどん好きになっていきました。

この「普遍的なデザイン」と「スピード感」というのは基本的には相反するものなので、常にその点は葛藤しています。建築は時間的に長く存在することで普遍的であるという見方もできますが、インテリアデザインにおける普遍性というのは、商業的スピードに対する「耐久力」があることではないかと思っています。10年、20年経っても古びないこと、モノをつくり出したい。しかし、動き続ける時代感を捉えることも大事で、普遍性とスピード感を融合させるというのは、僕のデザインテーマの一つでもあります。

プラスチックスタジオはとても好きでした。今でもデザイナーとして一番の恩師は、川端憲二さん（プラスチックスタジオ＆アソシエイツ 代表）だと思っています。デザインもそうですが、それ以前の社会人としての在り方を教えていただきました。仕事の進め方はもちろん、相手の立場に立ったデザインができているか、どのようにデザイン提案することが相手に優しいのかということを学びました。ただ当時は、そういったことがおぼろげにしか分かっていなくて、自分の作家性を出したいという気持ちが強かった。なぜこれじゃダメなんだ、なぜ受け入れられないんだとモヤモヤしていた時期が長かったですね。その時に教わったことは、確実に今の自分につながっています。

——独立されてから、考えられたことはありますか。

独立したのは、バブル期の後半でした。初めはそれなりに仕事もきていたのですが、91年にバブルがはじけると、1年程は、何も仕事がありませんでした。その頃、売り込みはほとんどやらなかったのですが、時代の先を見据えて動いているなと感じる人によく

ボッカ ディ レオーネ (P.38)

話を聞き行っていました。同時に、「自分のデザインは独りよがりだったのではないか」と苦悩することも多く、自分の作家性と社会性についても考えるようになりました。その後、また仕事が依頼され始めて、クライアントから今まで以上に何かをキャッチしようと仕事に取り組んでいく中で、劇的に自分が変わっていった印象があります。

社会が経済的に厳しくなって、予算も時間もないという状況を逆手にとり、見せ場をどうつくるか、コストをどう振り分けるかという能力は、これからより必要になってくると思います。しかし同時に、景気が良かろうが悪かろうが、社会に求められる普遍的な価値を持った、「社会とかみ合うデザイン」というものについて考えることも必要だと感じています。

——次世代のデザイナーに思うことはありますか。

自分なりのブレない軸を持ってほしいと思います。

今、前線で活躍しているデザイナーを見ると、皆20代の頃から自分のデザインというものがブレていないように感じます。僕はデザインに対する"考え方"ではブレていたかもしれませんが、デザイナーとして一生を貫くという思いは強かった。だから今もこの仕事を続けていられるのだと思います。

自分なりの描き方、進め方、考え方を持って、ていねいに仕事をしていけば、周りの人々につながって、デザインも広がっていく。光の話も素材の話もすべてクライアントから要望された一つのテーマから生まれてくるものであって、自分のデザインの基軸は変わっていないように思います。

まあ最近は、その自分を良い意味で裏切りたい、もっとデザインの幅を持たせたい、と思っているのですが、なかなかこれが難しくて常に葛藤しています。自分自身は、これからも人と出会い時代性に触れ、色々な要望に応えられるように積み重ねていきたいですね。

Jewery Shop
HOMERO
オメロ

P.128・129上	ファサード
P.129下	オリジナルタイルのディテール
P.128・129 upper	The facade.
P.129 lower	Detail of the tile.

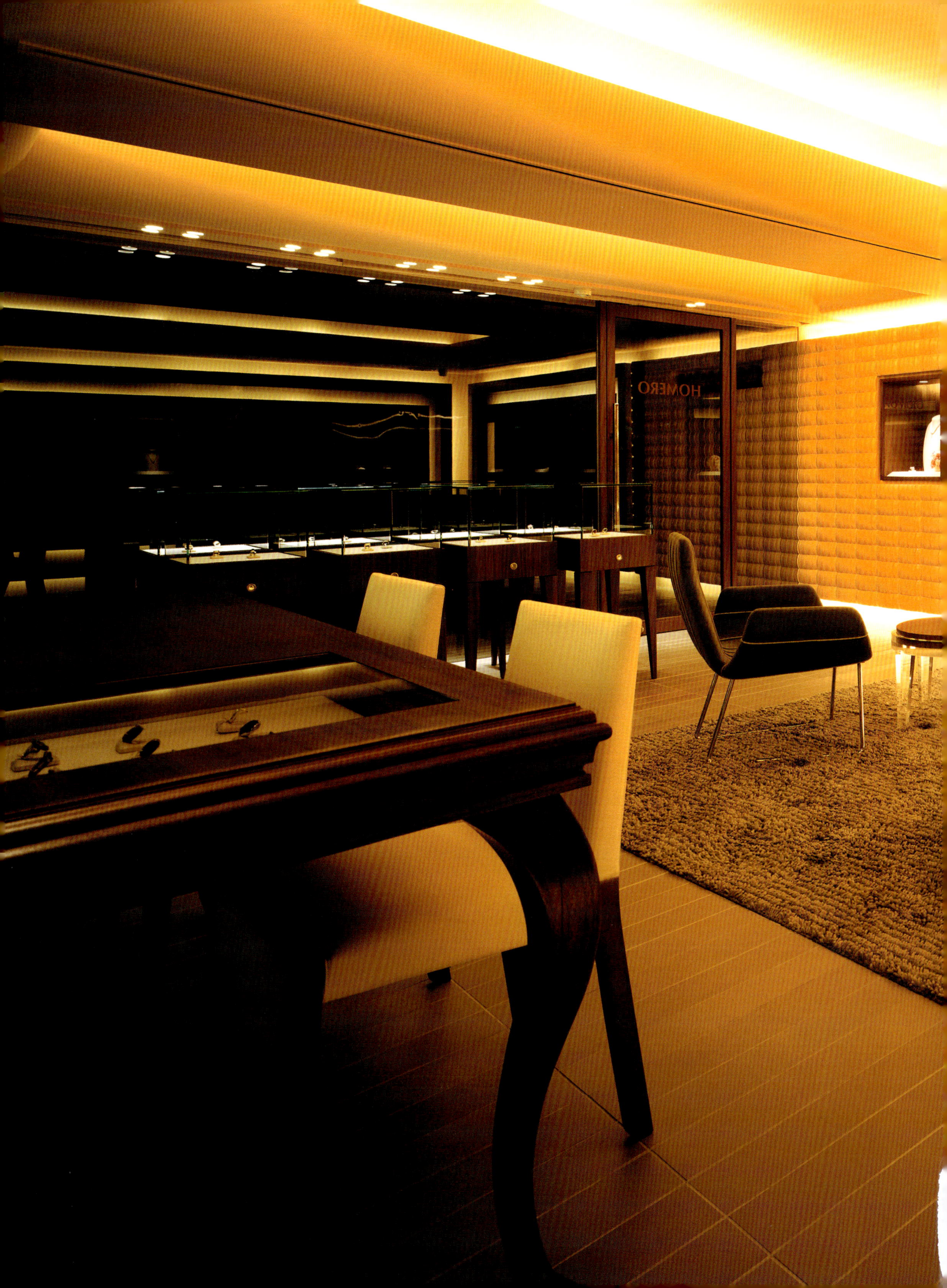

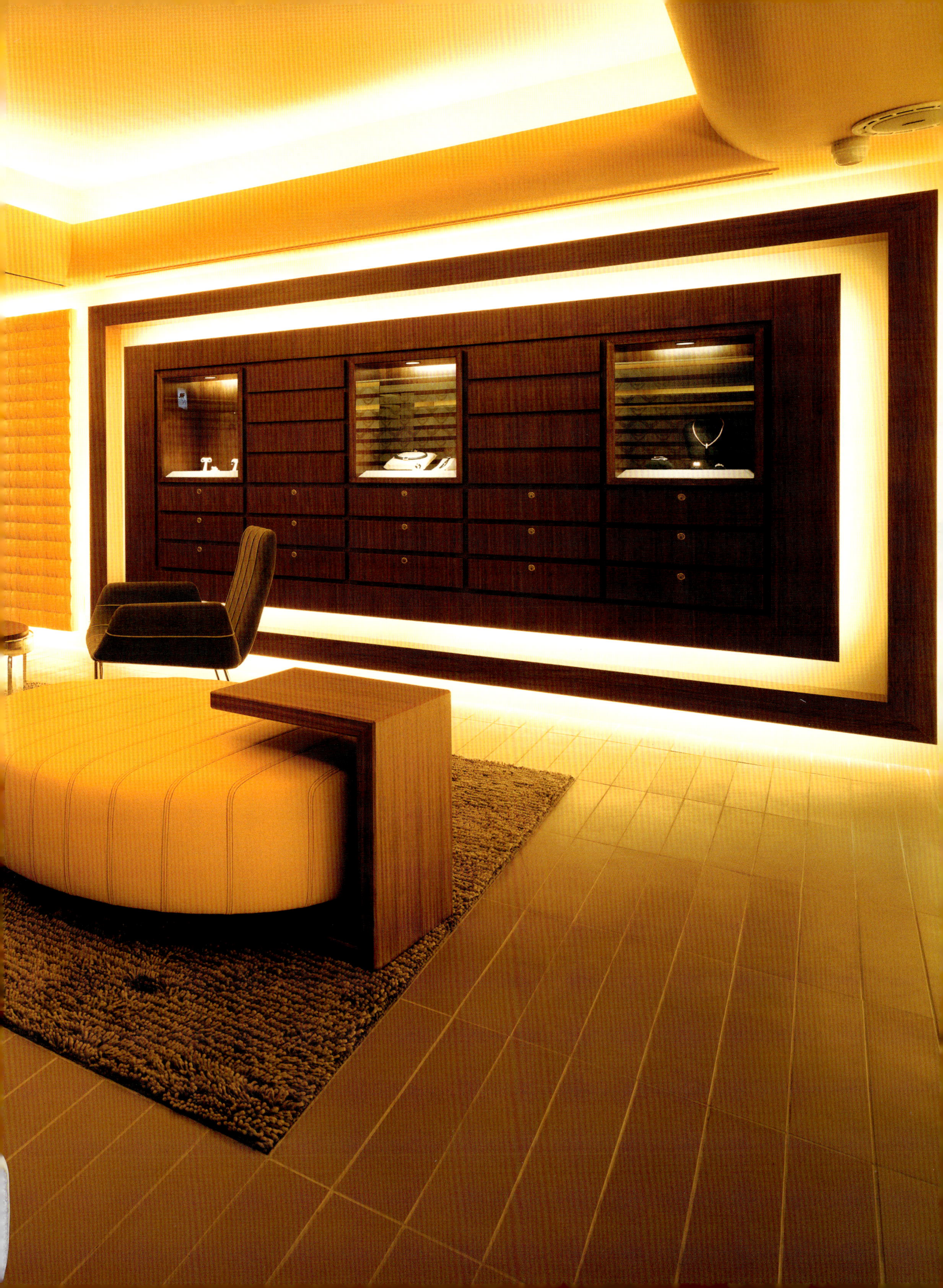

Using porcelain tiles based on the image of the cross-sections and curves of the rings sold in this store, graphics with ring-shaped patterns, and original showcases and furniture, this design expresses the appeal of the store's product. Also, the lighting and mirrored borders of the graphic-covered walls give the tiles and graphics three-dimensionality and depth. Indirect lighting blurs the boundaries of the interior, and the space conveys the contrast between the fittings' weightiness and the floating quality of the lighting.

商品である指輪の断面・曲面をイメージした磁器質タイル、指輪のフォルムをパターン化したグラフィック、オリジナルのショーケースや家具などを用いることで、商品の魅力を表現している。また、照明やグラフィック壁の鏡面ボーダーなどにより、タイルやグラフィックに立体感や奥行き感を与えた。
間接光は空間の境界を曖昧にさせ、什器などの重量感と光の浮遊感という相反する要素を感じさせる空間とした。

P.130・131	店内全景。家具や什器は、ほとんどがこの店のためのオリジナル
P.132	什器越しにタイル貼り壁面を見る
P.133 上	スタッフルームを囲むガラス壁
P.133 下	ソファ越しにスタッフルームのガラス壁を見る
P.130・131	The interior.
P.132	The tiles wall.
P.133 upper & lower	The glass partition from the interior.

Boutique
GGD Shibuya
GGD 渋谷

P.134　店内を横断する白いボーダーを見る
P.135　エントランスアプローチ
P.134　The border line of the store.
P.135　The entrance passage.

P.136 ファサード
P.137 アプローチから店内を見通す
P.136 The facade.
P.137 A view of the interior from the entrance passage.

This is a boutique composed of simple black fixtures in a space based on the color white. Placing nostalgic old flooring, decorative frames and warm lights, Kakitani created a space with warmth amid hard structural surroundings. Also, a pattern was embroidered on a sheet in a frame, helping create a design that shows devotion to products, a serious attitude and confidence in quality. Various elements - including a lighted gate the attracts customers and simultaneously encourages them to circulate - were fused to create a space of the not-too-distant future.

白を基調にした空間に、黒のシンプルな造作物で構成したブティック。
そこに、ノスタルジックな古材の床、デコラティブなフレーム、温かみのある光を配することで、構築的で硬質な中にも柔らかさを伴った空間となっている。
また、縫いのステッチパターンをフレーム内のシートに施し、商品への誠意や真面目に取り組む姿勢、品質への自信を感じさせるデザインとした。
光のゲートにより人々を誘引し、同時に空間に回遊性を生むなど、さまざまな要素が融合した近未来的な空間を構築した。

Variety Store & Gallery
SHINA
品

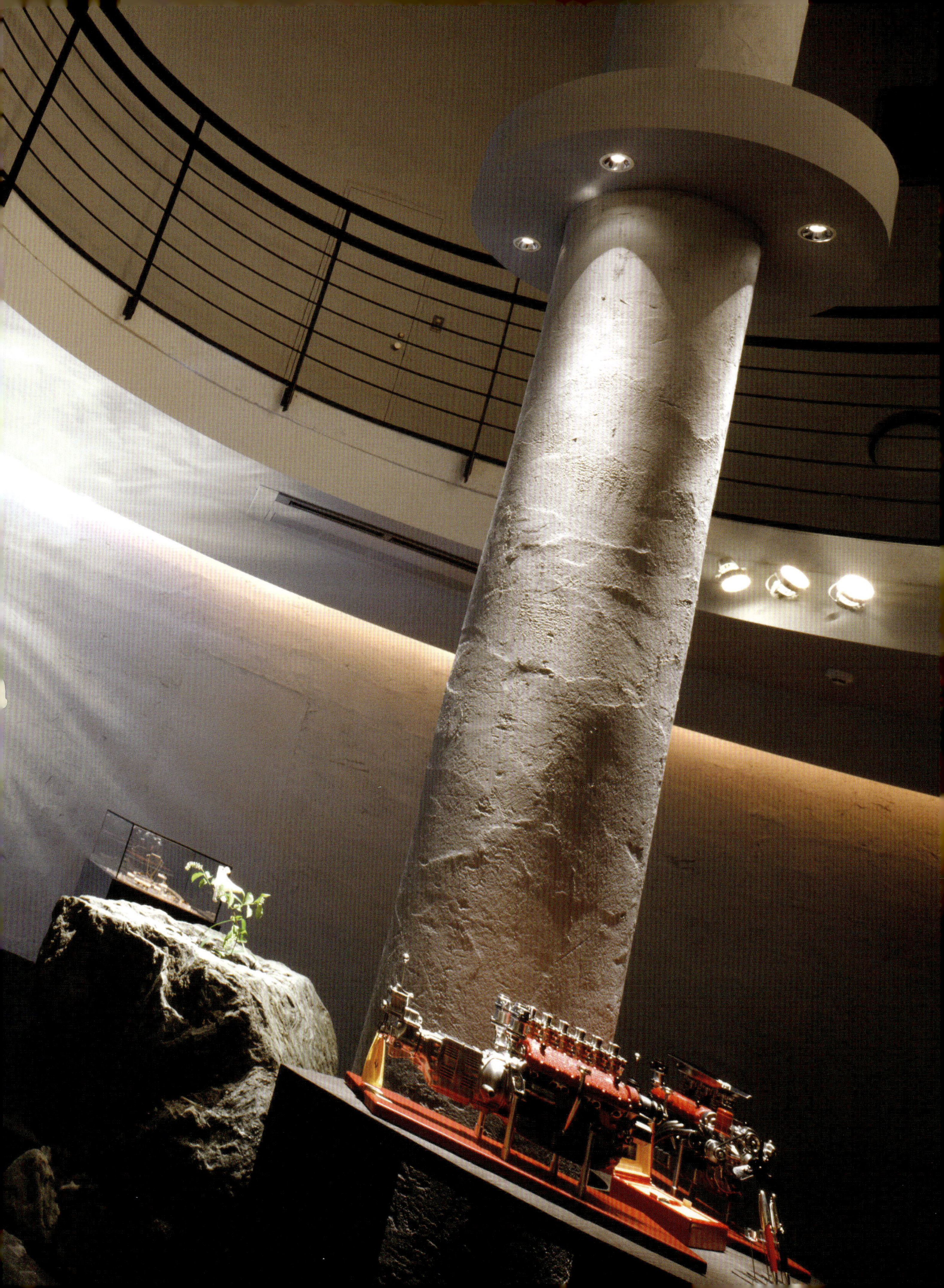

P.138・139	1階奥のショップスペース
P.140	1階ショップスペースを見通す。この空間は明治時代、奥は昭和初期に増築された蔵を転用
P.141上	同奥のショップスペースのディスプレイケースを見る
P.141下	同見上げ
P.138・139	The shop space on the first floor.
P.140	The shop space on the first floor.
P.141 upper	The showcase on the shop space.
P.141 lower	A look up at the shop space.

141

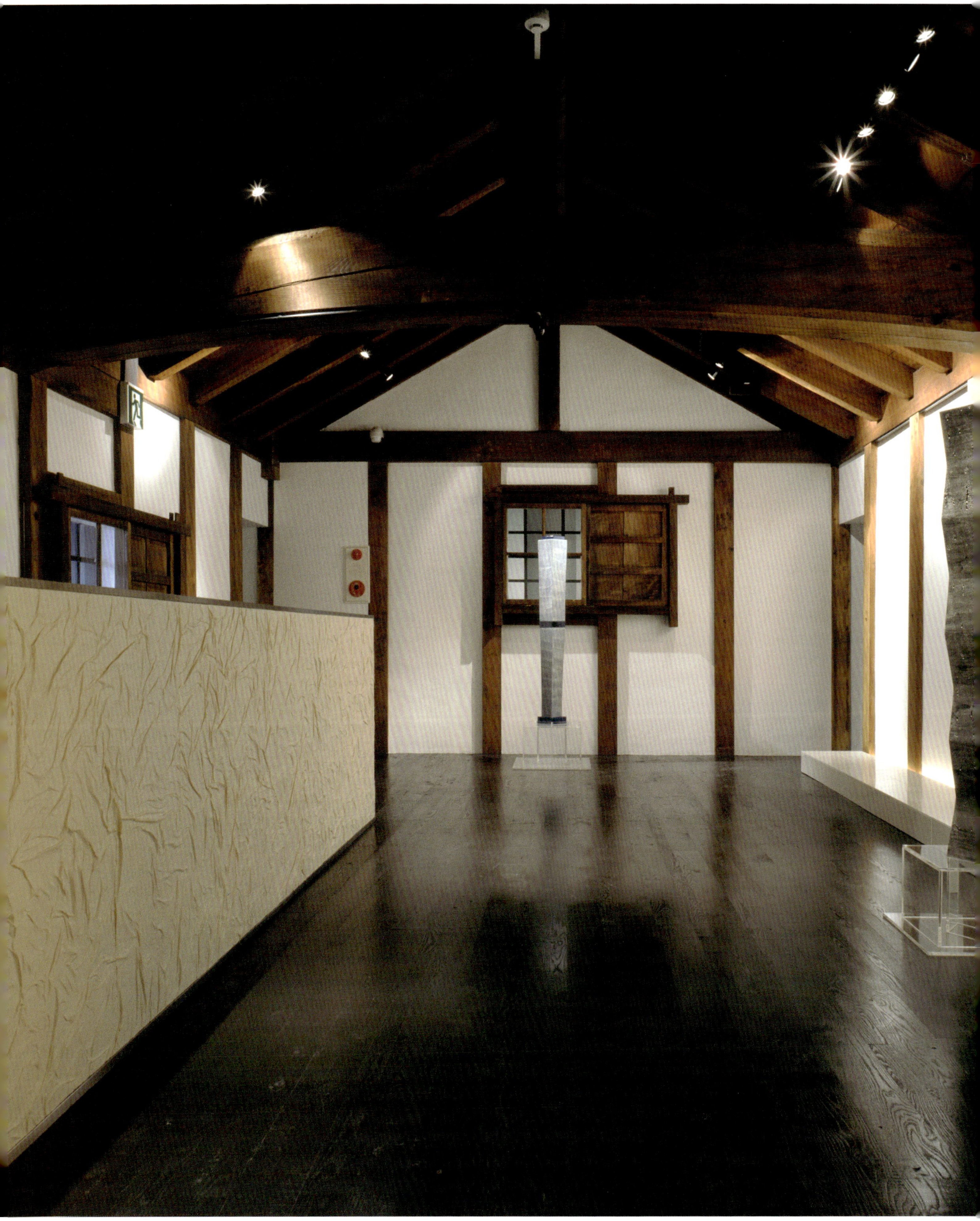

P.142・143　　　　2階ギャラリースペース
P.143 右上　　　　間接光が用いられた壁面
P.143 右下　　　　ギャラリーを見返す
P.142・143　　　　The gallery area on the second floor.
P.143 upper right　The wall on the second floor.
P.143 lower right　The gallery area.

This is a fashion boutique created in the renovated warehouse of a kimono-sash
To emphasize the structural beauty of the warehouse rather than its historical
moldings to highlight the interior. And by inserting into that wooden space glass
that doesn't highlight shapes and colors, and thus avoids interfering with the
shined on the beams to emphasize the structure, it is an experiment in fusing

江戸時代から続く帯屋の蔵をリノベーションしたセレクトショップ。
蔵の持つ歴史感よりも蔵そのものの美しさや構造美を生かすため、造形ではなく、光を用いて空間を浮かび上がらせた。
また、その木造空間にガラスやステンレスの什器を挿入して形や色を意識させない仕上げとし、蔵の空間を邪魔しないものをつくり上げた。
梁にも間接光を当て、構造を際立たせるなど、現代的素材と歴史的構造の融合を試みている。

shop dating back to the Edo Period.
feel, Kakitani used light rather than
and stainless steel fittings, he created a finish
warehouse's interior. With indirect lighting
modern materials with an historical structure.

P.144　正面表入り口
P.145　ショップエントランス。
　　　　奥は既存の蔵の入り口を利用し、
　　　　手前は新しく設けたもの
P.144　The facade.
P.145　The entrance.

Beauty Salon
ATELIER HARUKA Roppongi Hills
アトリエはるか 六本木ヒルズ

P.146-147	スタイリングスペース越しに造作壁を見る
P.148	スタイリング用ミラー
P.149上	偏光フィルムを貼ったアクリル板で視覚効果を生む造作壁面
P.149下	スタイリングルームのオリジナル照明器具
P.146-147	The styling area.
P.148	The styling mirror.
P.149 upper	The wall fixture.
P.149 lower	The original lighting.

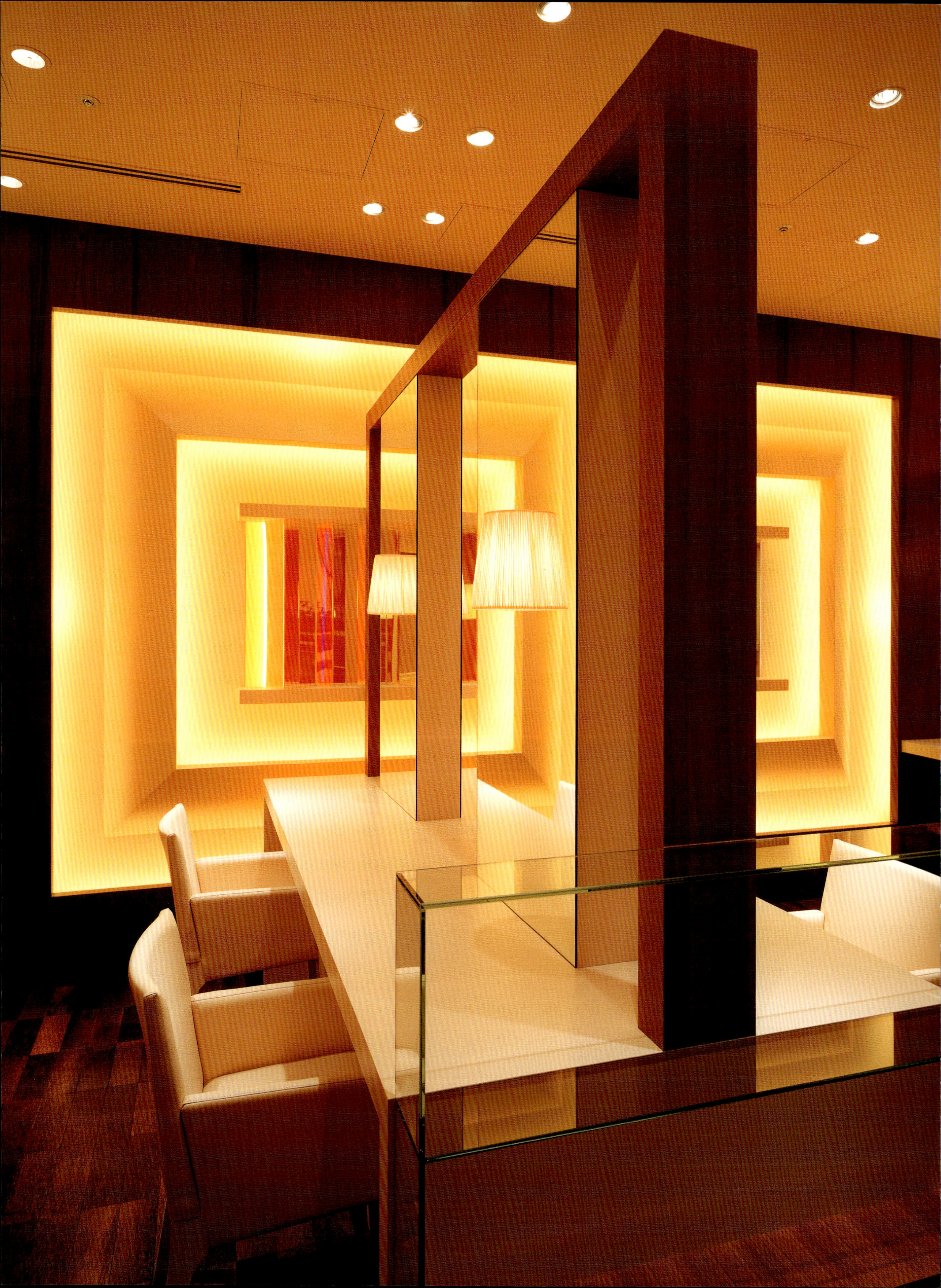

This quick-hair-and-makeup salon aims not only to change customers' appearance, but also their moods through this interior design based on the objective of earning "repeat customers who come in to prepare for future events." Kakitani used acrylic and film to create "light," based on a natural-light theme expressed by the words "rainbow" and "sunlight." By enveloping customers in beautiful light, the designer aimed to reduce the stress of entrusting your hair and makeup to another person, and to create a space that invokes relaxation and anticipation of the event the customer is preparing for.

クイックヘアメークサロンという業態のこの店では、顧客が「この後のイベントに備えて来店する」という目的を踏まえ、メークだけでなく気分も変えられるような空間を目指した。
「雨上がりの虹」「陽の光」といった自然の光をテーマに、アクリルとフィルムを用いて「光」をつくり出した。
柔らかく、美しい光で来店者を包み、メーキャップやヘアを委ねることへの不安感を低減させ、安心感とともに次のイベントへの高揚感を喚起する空間づくりを試みている。

Boutique
ORA RAY
オーラレイ

CARGO

TUFF SCENT·EN
NAIL COLOGNE   MADE IN

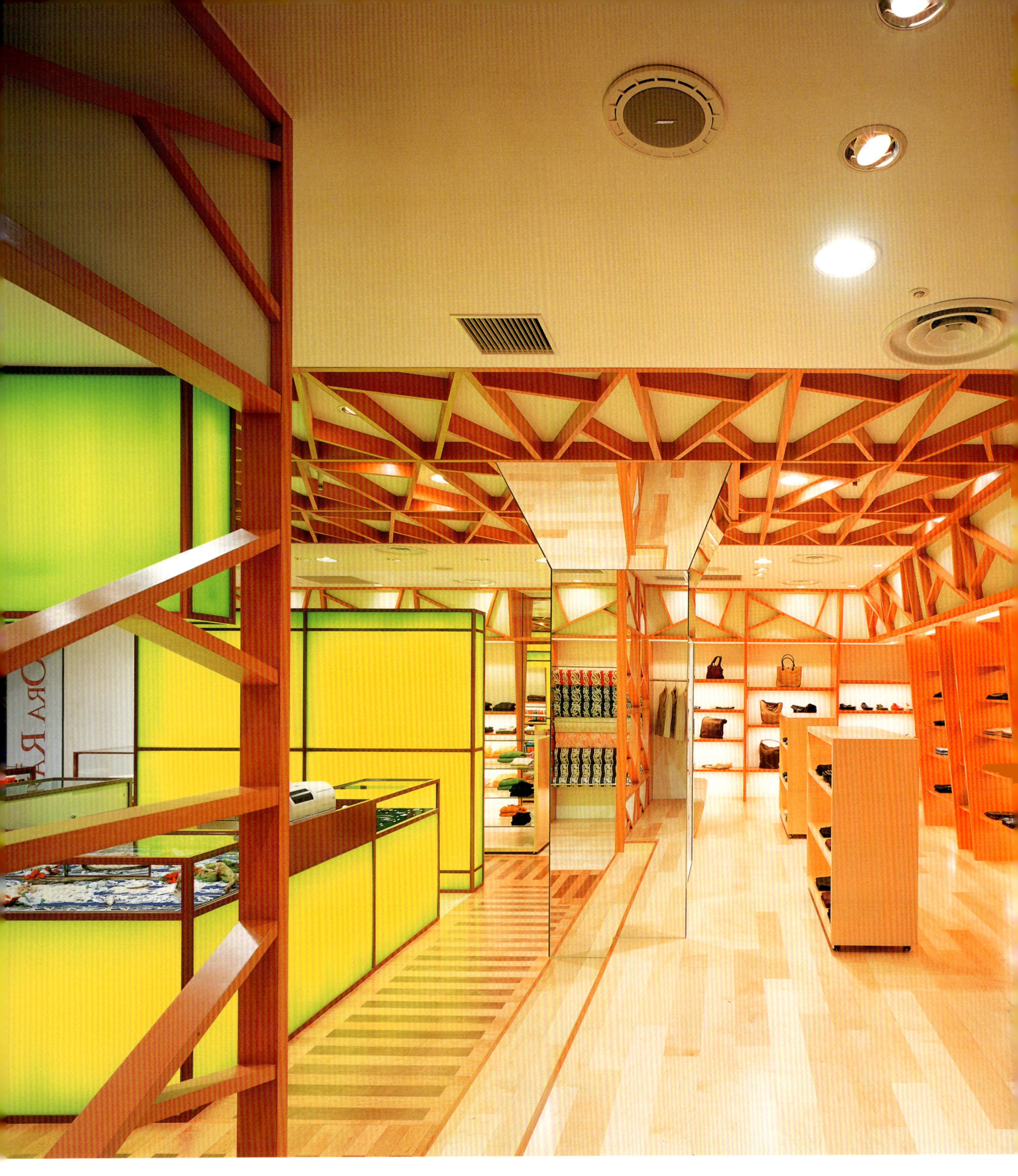

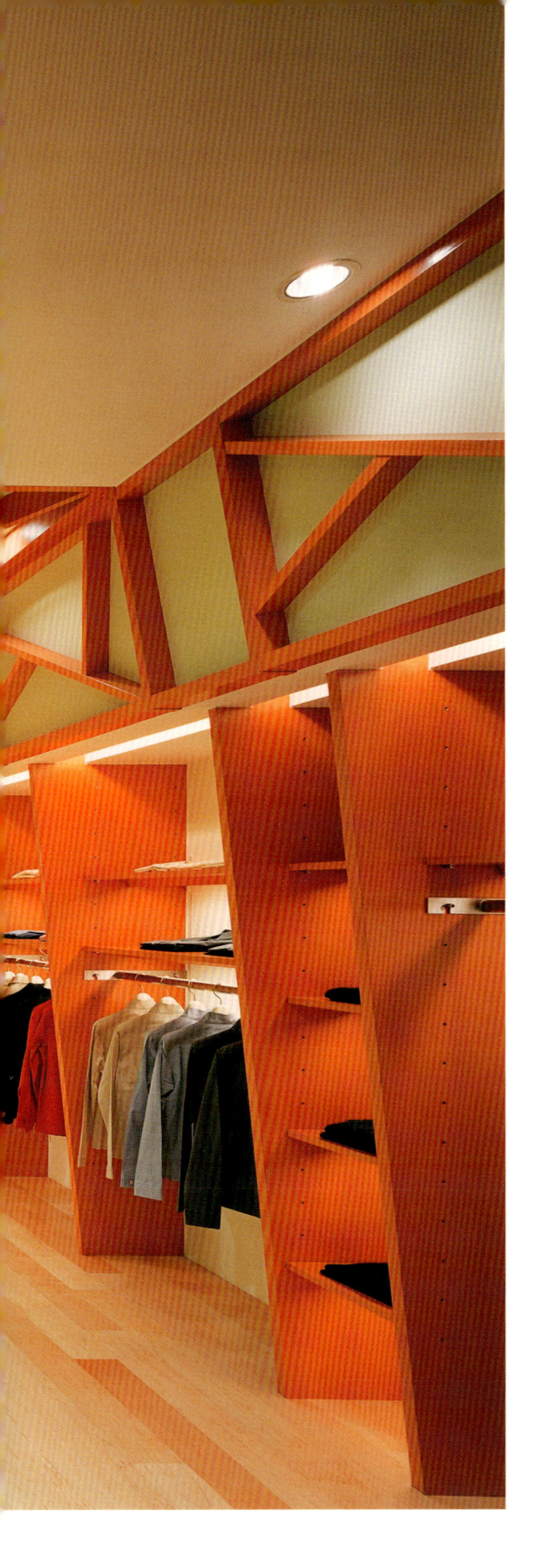

P.150	光ボックスによるショーケース
P.151	ミラー貼りの柱と天井を見上げる
P.152・153	店内を見通す
P.153 右	ミラー貼り柱のディテール
P.150	The showcase.
P.151	A look up at the ceiling & the mirrored pillar.
P.152・153	The interior.
P.153 right	Detail of mirrored pillar.

Boutique
INCUBATE
インキュベート

P.154・155	漆喰を用いたディスプレイウォール
P.155右	店内奥のディスプレイテーブルまわり
P.154・155	The display wall.
P.155 right	The display table.

P.156 左上	レジカウンター
P.156 左中	ディスプレイウォールの足元を浮かび上がらせる間接光ニッチ
P.156 左下	ディスプレイウォール
P.156・157	店内全景
P.156 upper left	The checkout counter.
P.156 middle left	The indirect lighting of the display wall.
P.156 lower left	The display table.
P.156・157	The interior.

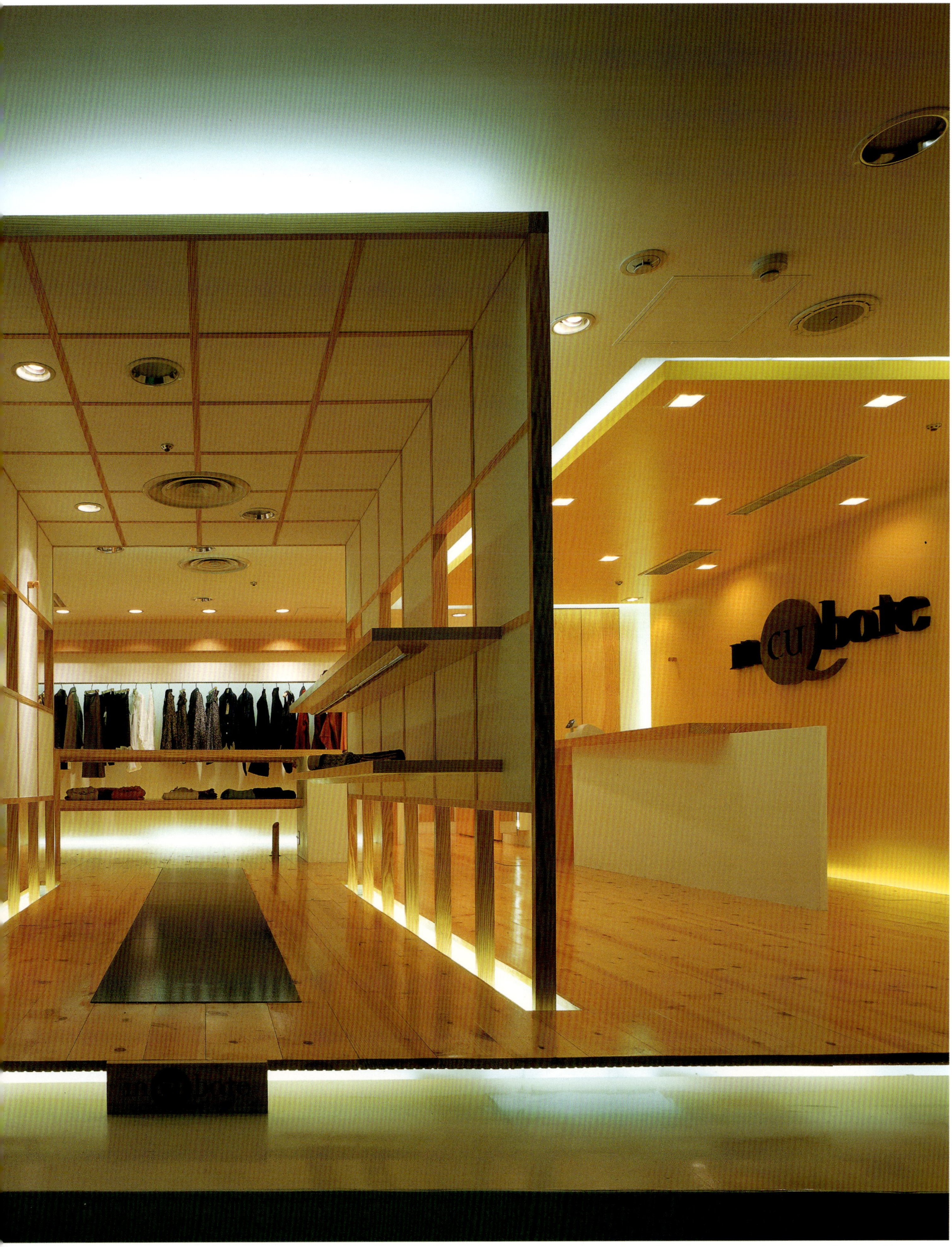

Boutique
SOUTH DRIVE Tennoji
サウスドライブ 天王寺

P.158　店内全景
P.159　オリジナルの造作姿見
P.158　The interior.
P.159　The original mirror.

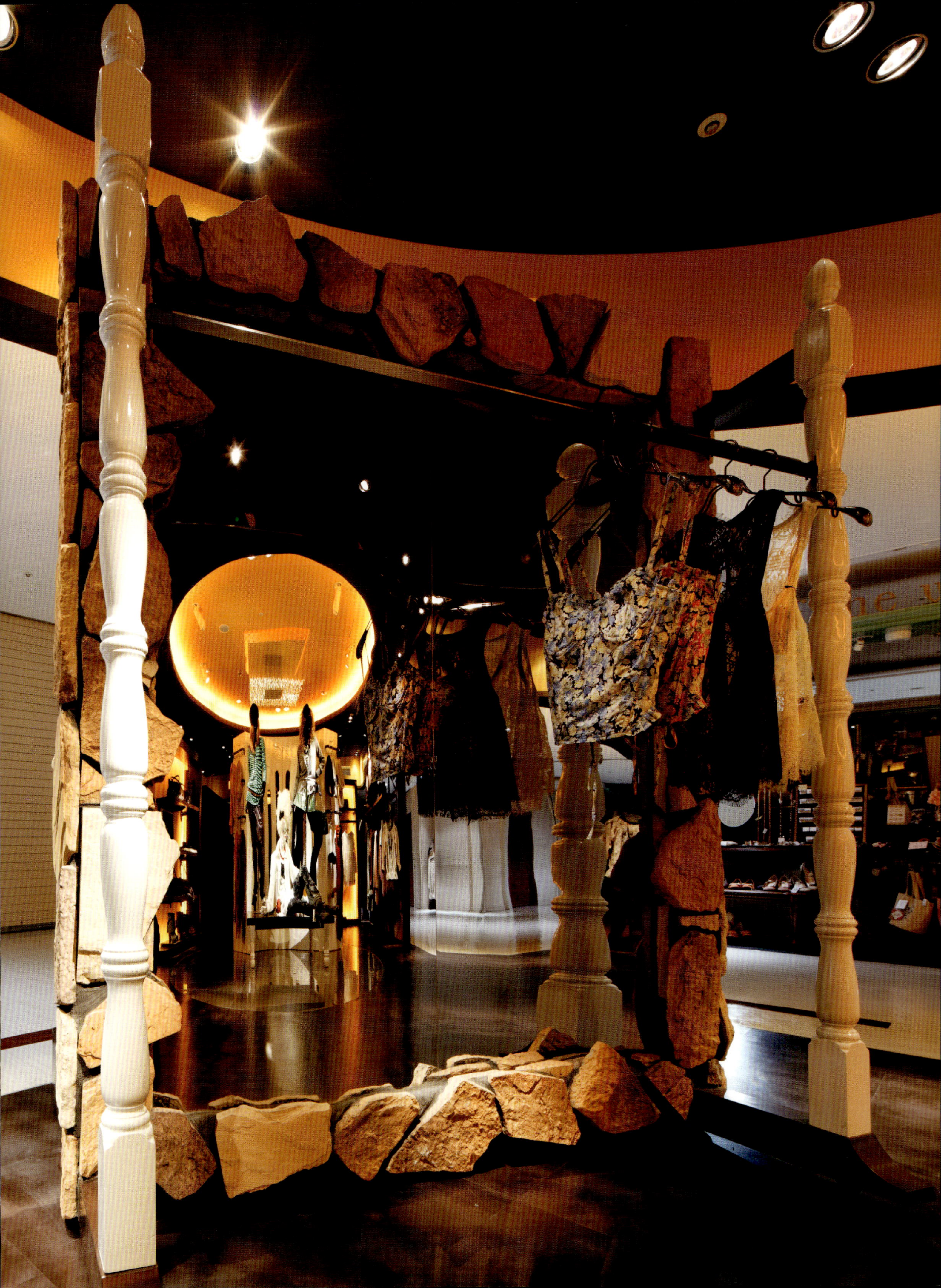

Boutique
UNRELISH Hepfive
アンレリッシュ ヘップファイブ

P.160　　　　S字形の木製ハンガーラック
P.161上　　　店内中央のディスプレイ台まわり
P.161下　　　レジカウンター
P.160　　　　The wooden hanger rack.
P.161 upper　The display table.
P.161 lower　The checkout counter.

Complex Store
A.S.R. Shibaura
エー エス アール 芝浦

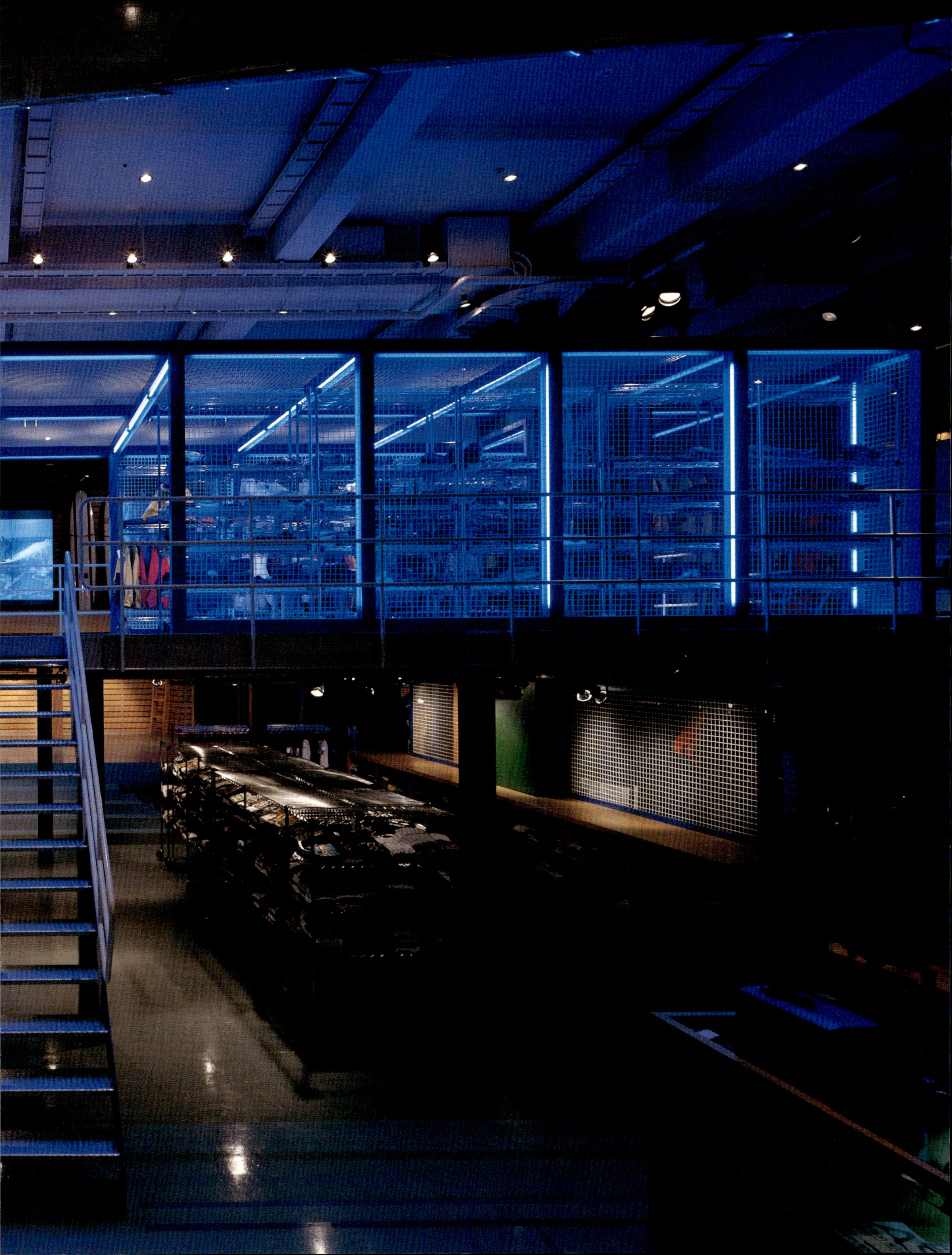

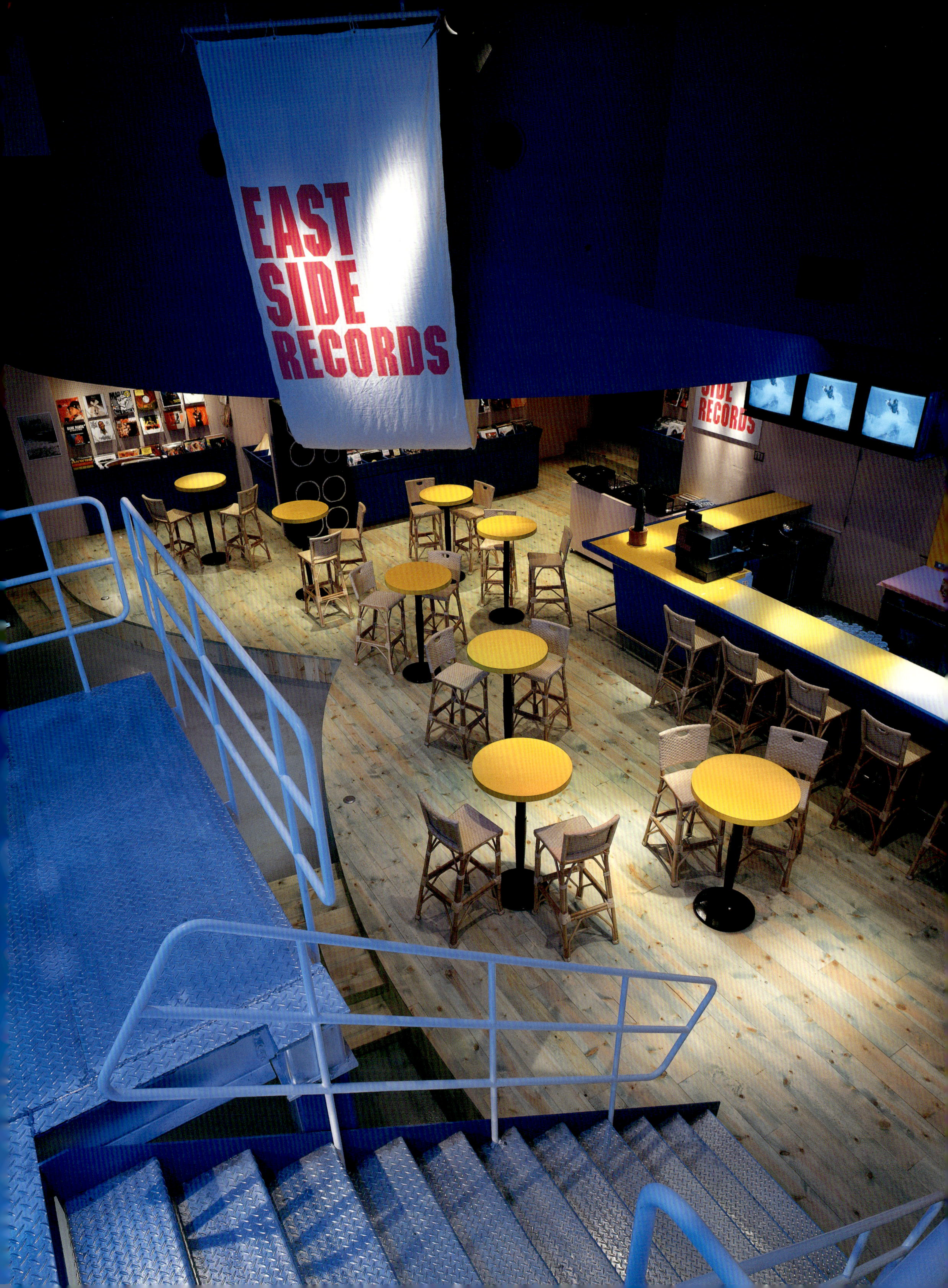
EAST
SIDE
RECORDS

P.162・163	中2階を設けた店内全景
P.164	カフェスペース
P.165 上	中2階フロアへの階段
P.165 下	中2階フロアを見る
P.162・163	The interior.
P.164	The cafe area.
P.165 upper	The staircase to the mezzanine floor.
P.165 lower	The mezzanine floor.

P.166左　　　フロア2層分を見通す
P.166右　　　カフェスペースを見返す
P.167　　　　サーフボード売り場
P.166 left　　The first floor & second floor.
P.166 right　 The cafe area.
P.167　　　　The shop area.

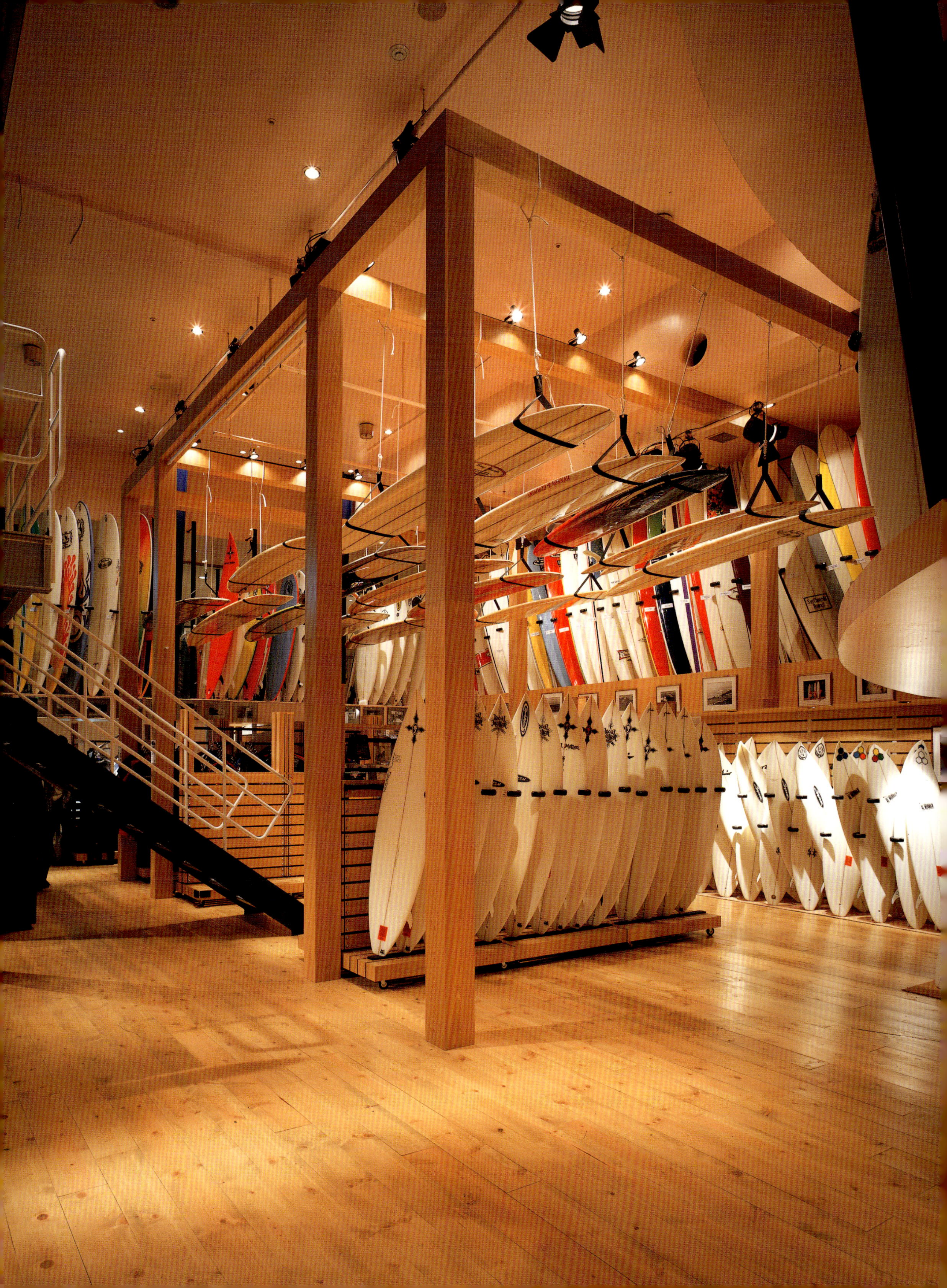

Cosmetic Shop & Cafe
STARCIA
スターシャ

P.168	サービスカウンターまわり
P.169 上	ファブリックと格子を組み合わせた天井
P.169 下	テストコーナー
P.168	The service counter.
P.169 upper	A look up at the ceiling.
P.169 lower	The test table.

P.170・171　店内全景
P.170・171　The facade.

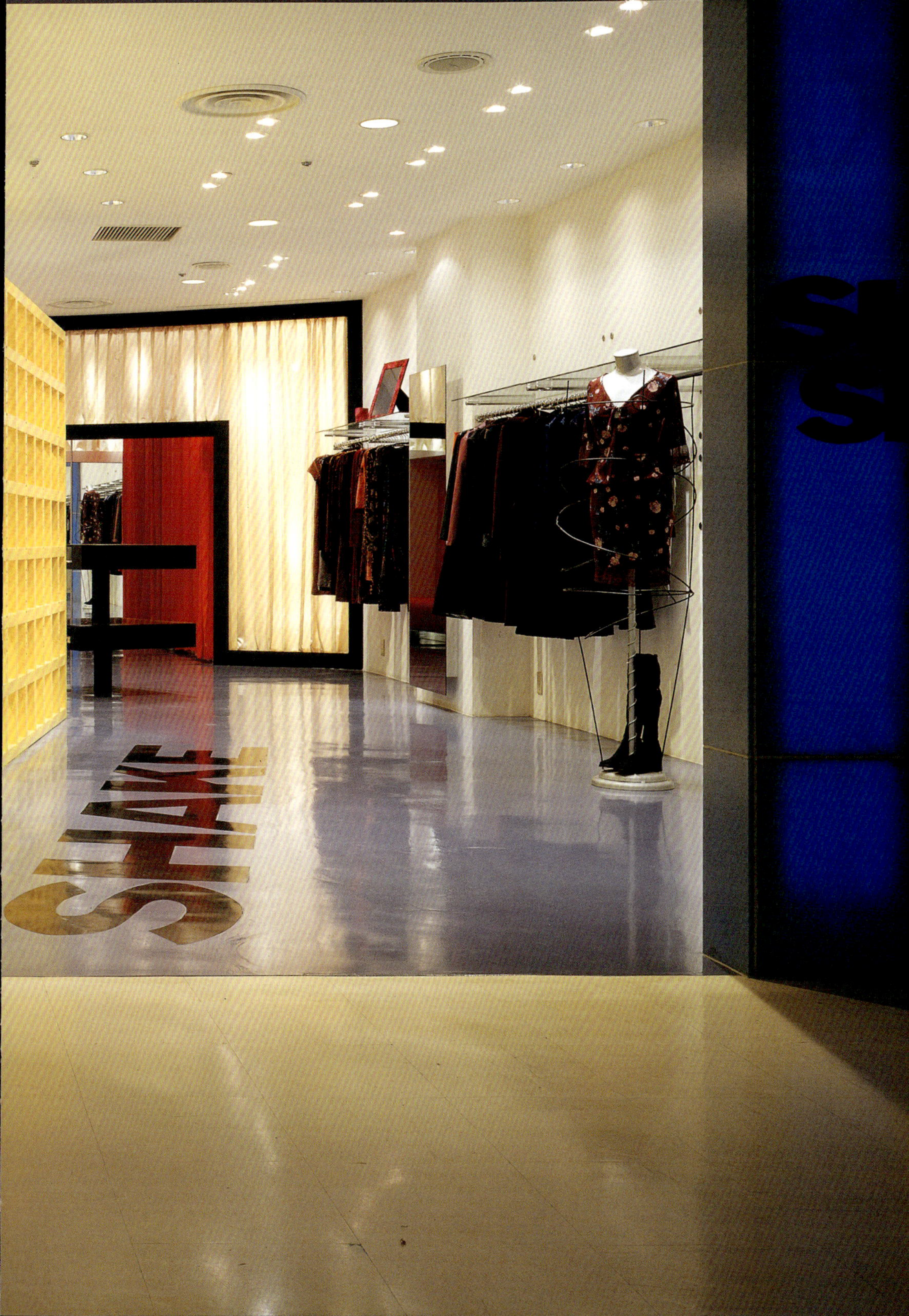
SHAKE

Boutique
UP SCALE Minamiaoyama
アップスケール 南青山

P.172左　　店内を見通す
P.172・173　間接光で浮かび上がるグリッド状のディスプレイ棚
P.172 left　　The interior.
P.172・173　The display shelves.

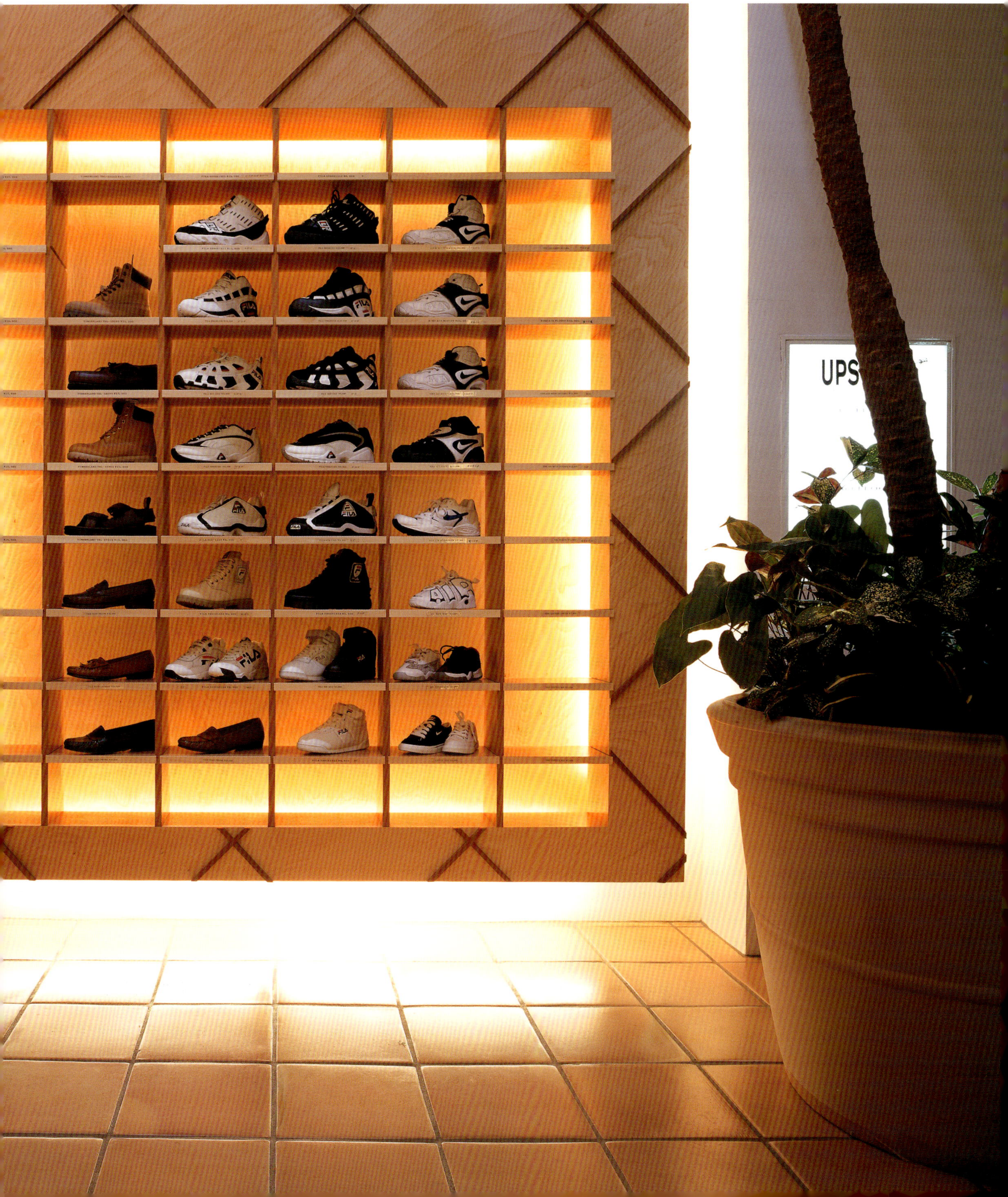
UPS

Office
MINAMI OFFICE
ミナミ オフィス

P.174　待合の造作壁面
P.175　レセプションカウンター
P.174　The wall fixture of the waiting room.
P.175　The reception counter.

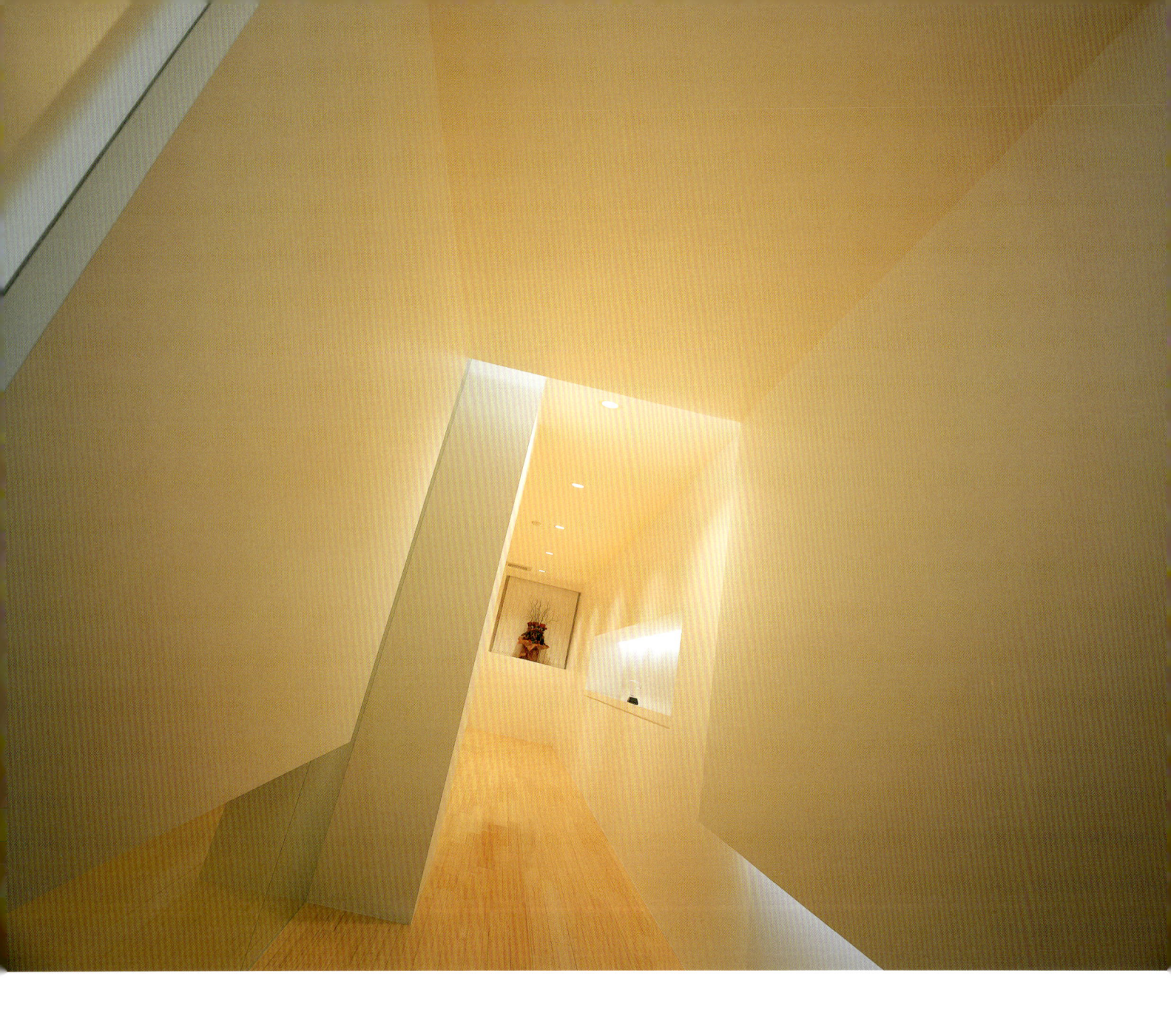

P.176	オフィス内へアプローチ通路
P.177 上	オフィスのレセプションカウンターまわり
P.177 下	通路壁面
P.176	The passage.
P.177 upper	The reception counter.
P.177 lower	The wall of the passage.

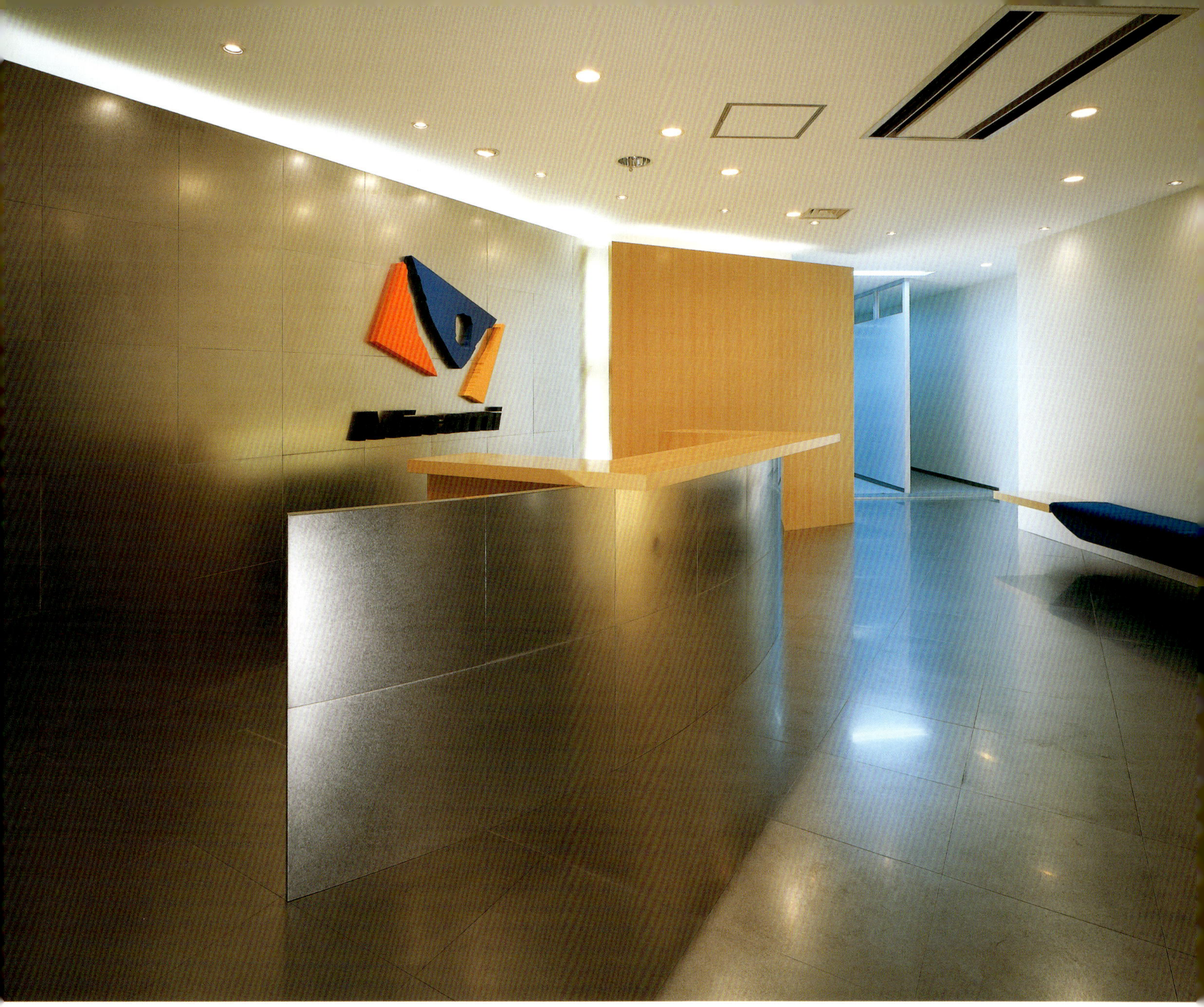

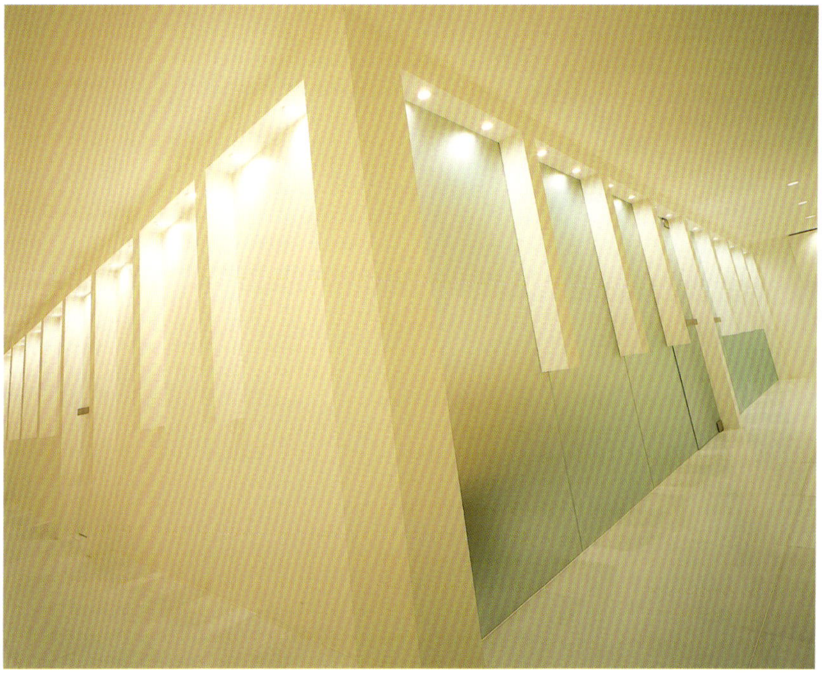

Hair Salon
HAIR DO
ヘアドゥ

P.178・179	待合のベンチソファ
P.179 右上	カットスペース
P.179 右下	コールドスペース
P.178・179	The waiting room.
P.179 upper right	The hair cut space.
P.179 lower right	The cold space.

Boutique
MAISON DE LA KHAN
メゾン ド ラカン

P.180	アール壁エンドに設置された姿見
P.181上	店内中央に吊られたゲートを見通す
P.181下	店内全景
P.180	The full-length mirror.
P.181 upper	The display wall.
P.181 lower	The interior.

Boutique
FILA SHOP Harajuku
フィラショップ 原宿

P.182・183　店内全景
P.182・183　The interior.

Products
HOMERO's Furniture
オメロ家具

P.184	ジュエリーショップ「オメロ」(P.128)のチェア
P.185 上	アクリル製スツール
P.185 下	革張りソファ
P.184	The original chair by HOMERO (P.128).
P.185 upper	The acrylic stool.
P.185 lower	The leather sofa.

Exhibition
TERAOKA SEIKO
寺岡精工 エキシビション

P.186 上　　精密機器メーカーのエキシビション空間。バラをモチーフにしたインスタレーション
P.186 中　　キャンドルの光をイメージした空間
P.186 下　　無数のバラを吊ったボックスが空間を覆う
P.186 upper　A rose-motif installation.
P.186 middle　A candle-motif installation.
P.186 lower　A box filled with hanging roses.

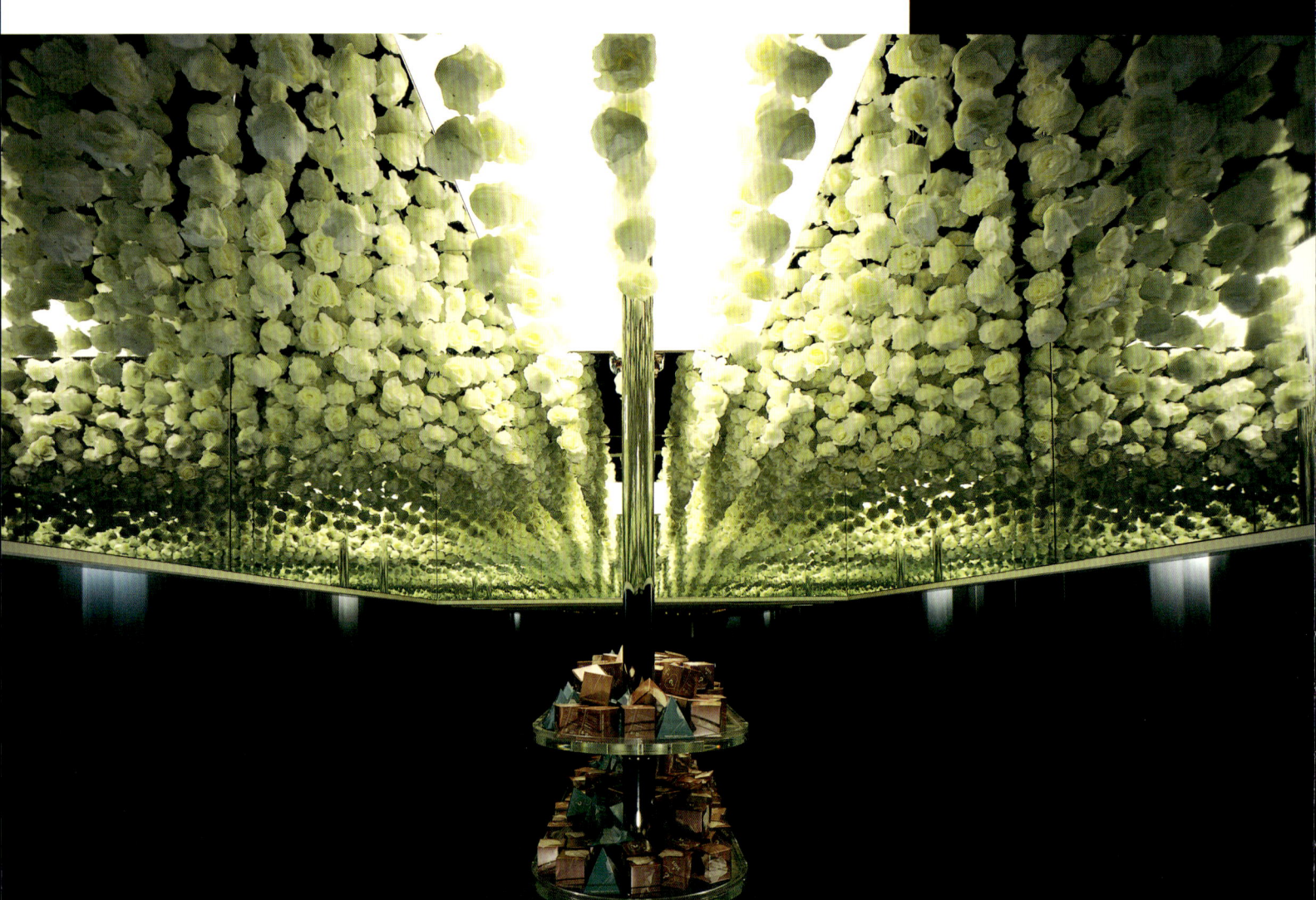

Exhibition
APPLETISER
アップルタイザー エキシビション

P.187 上	炭酸飲料アップルタイザーのコンテナバー
P.187 下	レセプションカウンター
P.187 upper	The bar room in the container.
P.187 lower	The reception counter.

Works Data

P6
Japanese Restaurant
SHUN
Ueno, Tokyo
旬
Completion：August 2002
Total area：222 ㎡
Seats：84 seats

P14
Restaurant
KUBOTA SHOKUDO
Higashikanagawa, Kanagawa
クボタ食堂
Completion：April 2004
Total area：97 ㎡
Seats：44 seats

P20
Restaurant
SUMILE TOKYO
Shibuya, Tokyo
スミレ トーキョー
Completion：November 2006
Total area：85 ㎡
Seats：58 seats

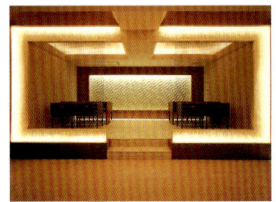

P28
Food Store & Restaurant
ANEW Takanawa
Takanawa, Tokyo
アニュー 高輪
Completion：June 2004
Total area：336 ㎡／1F・147 ㎡　2F・189 ㎡
Seats：46 seats

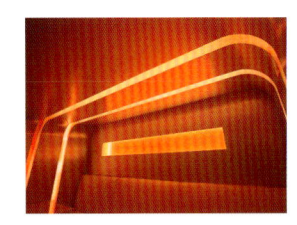

P38
Italian Restaurant
BOCCA DI LEONE
Ebisu, Tokyo
ボッカ ディ レオーネ
Completion：October 1999
Total area：76 ㎡
Seats：33 seats

P42
Noodle Restaurant
JABUYA
Hatanodai, Tokyo
ぢゃぶ屋
Completion：August 2002
Total area：58 ㎡
Seats：24 seats

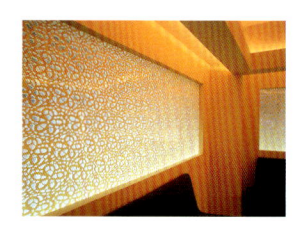

P46
Bar Lounge
SASORI
Roppongi, Tokyo
サソリ
Completion：March 2007
Total area：49 ㎡
Seats：24 seats

P50
Bar
DECADE
Minamiaoyama, Tokyo
ディケイド
Completion：August 1996
Total area：39 ㎡
Seats：20 seats

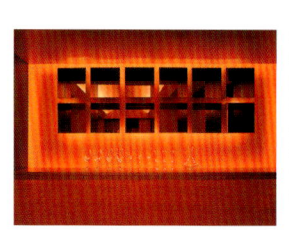

P54
Bar
EF
Roppongi, Tokyo
エフ
Completion：July 2003
Total area：50 ㎡
Seats：22 seats

P58
Restaurant
RENA'S KITCHEN
Hakone, Kanagawa
レナズキッチン
Completion：October 2003
Total area：81 ㎡
Seats：26 seats

P60
Japanese Restaurant
DARUMASAN ICCHOME
Ebisu, Tokyo
だるまさん一丁目
Completion：November 2006
Total area：97 ㎡
Seats：50 seats

P64
Lifestyle Store
PLAZA Harajuku
Harajuku, Tokyo
プラザ 原宿店
Completion：November 1999
Total area：332 ㎡

P70
Lifestyle Store
PLAZA Kumamoto
Kamitori, Kumamoto
プラザ 熊本店
Completion : March 2002
Total area : 384㎡

P76
Lifestyle Store
PLAZA Okayama Ichibangai
Kita-ku, Okayama
プラザ 岡山一番街店
Completion : September 2005
Total area : 333 ㎡

P80
Lifestyle Store
PLAZA Chiba Aurora Mall
Chuo-ku, Chiba
プラザ 千葉オーロラモール店
Completion : October 2005
Total area : 405 ㎡

P84
Lifestyle Store
PLAZA Lumine Shinjuku
Shinjuku, Tokyo
プラザ ルミネ新宿店
Completion : June 2006
Total area : 340 ㎡

P88
Lifestyle Store
PLAZA Shibuya 109
Shibuya, Tokyo
プラザ 渋谷109店
Completion : September 2006
Total area : 264 ㎡

P94
Lifestyle Store
PLAZA Atre Ebisu
Ebisu, Tokyo
プラザ アトレ恵比寿店
Completion : September 2007
Total area : 296 ㎡

P98
Lifestyle Store
PLAZA BEAUTILICIOUS Echika Ikebukuro
Ikebukuro, Tokyo
プラザ ビューティリシャス エチカ池袋店
Completion : February 2009
Total area : 66 ㎡

P102
Boutique
ALBA ROSA MYTANE Harajuku
Harajuku, Tokyo
アルバローザ マイタネ 原宿
Completion : September 2004
Total area : 49 ㎡

P108
Boutique
ALBA ROSA Shinjuku marui
Shinjuku, Tokyo
アルバローザ 新宿マルイ
Completion : September 2004
Total area : 98 ㎡

P112
Boutique
ALBA ROSA Hiroshima
Naka-ku, Hiroshima
アルバローザ 広島
Completion : July 2003
Total area : 65 ㎡

P114
Boutique
ALBA ROSA Fukuoka Solaria Plaza
Tenjin, Fukuoka
アルバローザ 福岡ソラリアプラザ
Completion : February 2003
Total area : 76 ㎡

P118
Boutique
PARK EAST
Shinsaibashi, Osaka
パーク イースト
Completion : November 2009
Total area : 243 ㎡

Works Data

P124
Boutique
PARK Shinsaibashi
Shinsaibashi, Osaka
パーク 心斎橋
Completion : December 2008
Total area : 255 ㎡

P128
Jewelry Shop
HOMERO
Minamiaoyama, Tokyo
オメロ
Completion : February 2006
Total area : 56 ㎡

P134
Boutique
GGD Shibuya
Shibuya, Tokyo
GGD 渋谷
Completion : March 2007
Total area : 176 ㎡

P138
Variety Store
SHINA
Nakagyo-ku, Kyoto
品
Completion : May 2007
Total area : 178 ㎡

P146
Beauty Salon
ATELIER HARUKA Roppongi Hills
Roppongi, Tokyo
アトリエはるか 六本木ヒルズ
Completion : February 2008
Total area : 31㎡
Seats : 7 seats

P150
Accessory Shop
ORA RAY
Umeda, Osaka
オーラレイ
Completion : October 1998
Total area : 164 ㎡

P154
Boutique
INCUBATE
Nagoya, Aichi
インキュベート
Completion : September 1997
Total area : 76 ㎡

P158
Boutique
SOUTH DRIVE Tennoji
Tennoji, Osaka
サウスドライブ 天王寺
Completion : November 2009
Total area : 84 ㎡

P160
Boutique
UNRELISH Hepfive
Umeda, Osaka
アンレリッシュ ヘップファイブ
Completion : April 2009
Total area : 111 ㎡

P162
Complex Store
A.S.R. Shibaura
Shibaura, Tokyo
エー エス アール 芝浦
Completion : April 1995
Total area : 1185 ㎡

P168
Cosmetic Shop & Cafe
STARCIA
Nihonbashi, Tokyo
スターシャ
Completion : October 1994
Total area : 230 ㎡
Seats : 44 seats

P170
Boutique
SHAKE SHAKE Ikebukuro
Ikebukuro, Tokyo
シェイクシェイク 池袋
Completion : September 1997
Total area : 126 ㎡

P172
Boutique
UP SCALE Minamiaoyama
Minamiaoyama, Tokyo
アップスケール 南青山
Completion : July 1996
Total area : 229 ㎡

P174
Office
MINAMI OFFICE
Minamiaoyama, Tokyo
ミナミ オフィス
Completion : November 1997
Total area : 1790 ㎡

P178
Hair Salon
HAIR DO
Ginza, Tokyo
ヘア ドゥ
Completion : February 1996
Total area : 39 ㎡
Seats : cut・12 seats   shampoo・5 seats
        cold・12 seats

P180
Boutique
MAISON DE LA KHAN
Shinsaibashi, Osaka
メゾン ド ラカン
Completion : August 1995
Total area : 92 ㎡

P182
Boutique
FILA SHOP Harajuku
Harajuku, Tokyo
フィラショップ 原宿
Completion : 1996
Total area : 248 ㎡

P184
Products
HOMERO's Furniture
オメロ 家具
Completion : February 2006

P186
Exhibition
TERAOKA SEIKO
Shibuya, Tokyo
寺岡精工 エキシビション
Completion : November 2006
Total area : 28 ㎡

P187
Exhibition
APPLETISER
Aomi, Tokyo
アップルタイザー エキシビション
Completion : October 2004
Total area : 28 ㎡

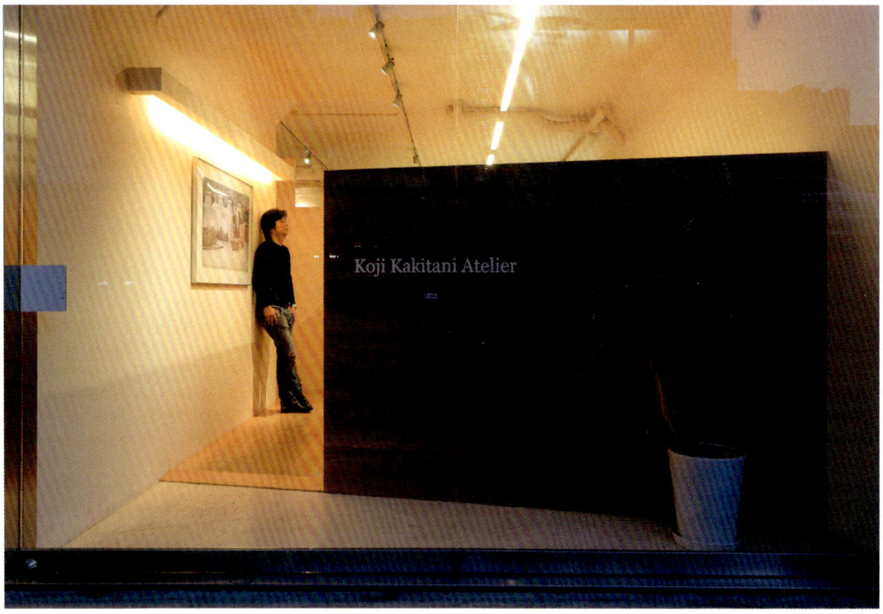
Koji Kakitani Atelier